KB242838

회개 없는 구원

기독교 역사상 최대 사기극

손원배 지음

NEWPURITAN
PUBLISHING

내 양은 내 음성을 들으며

나는 그들을 알며

그들은 나를 따르느니라

—

요한복음 10장 27절

목차

SALVATION WITHOUT REPENTANCE

1장

죄를 둘러싼 사기극

1장
죄를 둘러싼 사기극

이익단체화 되어가는 세상

독일의 사회학자 페르디난트 퇴니에스(Ferdinand Tönnies)는 1887년에 출간한 그의 저서 Gemeinschaft und Gesellschaft 에서 인류 사회를 두 그룹, 게마인샤프트(Gemeinschaft)와 게젤샤프트(Gesellschaft)로 양분하였다.

그에 따르면, 게마인샤프트는 전통적 가치관을 따라 혈연, 지연, 종교 등을 통해 자연스럽게 형성되는 공동체(community)를 뜻한다. 가족, 교회, 시골 마을 등이 여기에 속한다.

반면에 게젤샤프트는 개인이나 집단의 이익을 추구하기 위해 인위적으로 선택하여 결성되는 사회단체(society)를 말한다. 영국의 산업혁명 이후 급격히 증가한 기업, 노동조합, 대도시 등이 여기에 속한다.

1950대 이후 개인주의(individualism)와 주관주의(subjectivism)를 양대 축으로 하는 포스트모더니즘(post-modernism)이 팽배하면서, 게마인샤프트에 속한 공동체들이 급격히 무너지고 있다. 결혼 포기, 이혼, 불륜, 동성애 등으로 가족이 붕괴되고, 젊은이들이 직장을 찾아 대도시로 떠나면서 시골 마을들이 공동화되는 사회 현상을 겪고 있다.

반면에 게젤샤프트에 속한 이익단체들은, 집단 이익을 통해 개인 이익을 확대하려는 사람들이 소속원으로 대거 몰려들면서, 세상을 거의 모두 평정해 가고 있다.

그 결과 현대인들은 과거에 공동체에서 누리던 가족애, 이웃과 나누던 정, 평안한 삶, 보호 장벽 등을 상실하고, 오히려 먹고 먹히는 삭막한 이익사회 속에서 단절된 삶을 살며 온갖 중독, 우울증, 성격 장애, 자살이 폭증하는 시대를 살고 있다.

"의학 역사상 최대 사기극"

　서로 믿고 사는 전통적인 공동체 게마인샤프트가 곳곳에서 무너지면서, 이에 반비례하여 돈, 권력 등 자기 이익을 추구하는 게젤샤프트 이익단체들은 우후죽순처럼 일어나 정치, 경제, 사회 등 세상 거의 모든 영역을 점령해 버렸다.

　그리고 이런 이익단체들은 크고 작은 이익을 창출하기 위해 때로는 정상적인 범주를 벗어나 상상을 뛰어넘는 사기극을 벌이곤 한다.

　2020년에 은퇴한 나는 한국에 돌아와 살고 있다. 마음에 여유가 생겨서 그동안 하지 못했던 건강검진을 받았다. 그런데 콜레스테롤 수치가 너무 높게 나와서, 의사는 무조건 먹어야 한다며 약을 처방해 주었다. 그래서 나는 그날부터 콜레스테롤 낮추는 약을 먹기 시작했다.

　그런데 이 약은 병을 고치는 약이 아니라 증상을 낮추는 약이기 때문에 평생 먹어야 한다고 했다. 평생 먹는 것이 부담되어서, 나는 인터넷을 통해 콜레스테롤과 고지혈증 치료에 관한 여러 기사들을 검색해 보았다.

대부분의 의사들은 한결같이 약을 먹어야 한다고 했다. 부작용은 있지만, 약을 안 먹으면 혈관질환이나 심장병으로 죽거나 불구가 될 수 있기 때문에 당연히 먹어야 한다는 주장이었다.

그러다가 어느 날 나는 눈에 들어오는 유튜브를 하나 보게 되었다. 그것은 바로 교육하는 의사 이동환 TV에 올려져 있는 "의학 역사상 최대 사기극, 콜레스테롤 거짓말의 신화"라는 제목의 동영상이었다. 이 동영상에서 그는 심장 전문의 스티븐 시나트라(Stephen Sinatra) 교수와 식품 영양학자 조니 보든(Jonny Bowden) 박사가 공저한 콜레스테롤 수치에 속지 마라는 책을 소개했는데, 그의 동영상 제목은 이 책의 소제목에서 따온 것이었다.

이 책에서 저자들은 콜레스테롤은 각종 심장질환의 원흉이 아니며, 콜레스테롤 수치가 높아도 건강에 별 이상이 없다고 주장한다. 이들의 주장을 요약하면, 콜레스테롤을 낮추기 위해 약을 복용하게 만든 것은 거대 제약회사들과 이들 제약회사의 연구 기금을 받는 학자들과 이에 편승하는 의사들이 꾸며낸 "의학 역사상 최대 사기극"이라는 말이다.

시중에 나온 수천 가지 약 중에서 단일 품목으로 세계에서 가장 많이 팔리는 약은 콜레스테롤을 낮추는 스타틴(statin) 계열의 약이라고 한다. 제약회사들은 이 약 하나로 전 세계에서 매년 약 2백억 달러(28조 원)의 매출을 올리고 있다. 또한 의사들은 이 약으로 콜레스테롤을 낮추지 않으면 조기 사망할 수 있다는 말로 환자들을 협박하며, 3개월 혹은 6개월마다 약 처방과 혈액검사를 받기 위해 평생 충성스럽게 찾아오는 환자들을 확보하여 알토란 같은 수입을 보장받고 있다.

강하게 표현하면, 제약회사와 의사들이 막강한 게젤샤프트 이익단체를 형성하여 환자들의 건강을 인질로 삼아 엄청난 매출과 꾸준한 수입을 올리고 있다는 말이다.

나는 이 약이 사기극이라는 주장과 그렇지 않다는 주장 사이에 어느 한 편을 들 생각은 없다. 내가 의학 전문가가 아니므로 이것을 밝힐 의학적 실력도 없거니와 그럴 위치도 아니기 때문이다.

그러나 내가 이 책을 쓰게 된 동기는 콜레스테롤보다 10배가 아니라 백만 배, 억만 배, 비교할 수 없을 만큼 더 치명적인, "죄를 둘러싼 사기극"이 이 땅에서 광범위하게 벌어지고 있기 때문이다.

죄를 둘러싼 사기극

높은 콜레스테롤이 정말 위험하더라도 혈관이 막히거나 터져서 불구가 되거나 죽는 정도에 그치지만, "죄를 둘러싼 사기극"은 사람들을 영원히 참혹한 지옥에 떨어뜨리기 때문에, 죄는 콜레스테롤과 비교할 수 없을 만큼 더 치명적임을 우리는 잊지 않아야 한다.

2천 년 전에 예수님께서는 당시 성경학자요 목사인 서기관들과 바리새인들을 매우 가혹하게 책망하셨다.

> 뱀들아 독사의 새끼들아
> 너희가 어떻게 지옥의 판결을 피하겠느냐
> (마태복음 23장 33절)

"마음이 온유하고 겸손"하신 예수님(마11:29)께서 왜 이토록 강하게 이들을 책망하셨을까? 그 이유는 그들이 겉으로는 교인들을 천국으로 인도한다면서, 실제로는 천국 문을 막아서서 자기들도 들어가지 않고 교인들도 못 들어가게 하는 충격적인 사기극, 당시 어느 누구도 상상하지 못했을 엄청난 사기극을 벌이고 있었기 때문이다.

화 있을진저 외식하는 서기관들과 바리새인들이여
너희는 천국 문을 사람들 앞에서 닫고
너희도 들어가지 않고 들어가려 하는 자도
못하게 하는도다
(마태복음 23장 13절)

그들이 벌이는 사기극의 결과로 그들에게 맡겨진 교인들은 천국 백성이 되기는커녕 오히려 그들보다 "배나 더 지옥 자식"이 되어가고 있었다.

화 있을진저 외식하는 서기관들과 바리새인들이여
너희는 교인 한 사람을 얻기 위하여
바다와 육지를 두루 다니다가 생기면
너희보다 배나 더 지옥 자식이 되게 하는도다
(마태복음 23장 15절)

서기관과 바리새인들이 그런 사기극을 벌인 주된 이유는 그들이 "돈을 좋아하는 자들"이었기 때문이다(눅16:14). 그들은 힘없는 과부의 재산을 탈취할 뿐 아니라(눅20:47), 더 나아가 예루살렘 성전을 장악하고 있는 대제사장들과 결탁하여, 성전 뜰에서 장사하는 상인과 환전상들을 통해 막대한 수익을 올리는 강력한 이익단체를 만들었다. 그들은 제사, 기도, 말씀 선포를 통해 백성이 회개하고 죄 사함을 받도록 하는 본연의 사역에는 관심이 없고, 오직 강도떼처럼 백성의 재산을 수탈하는 사기극에 몰두하고 있었던 것이다.

예수께서 성전에 들어가사
성전 안에서 매매하는 모든 사람들을 내쫓으시며
돈 바꾸는 사람들의 상과 비둘기 파는 사람들의 의자를
둘러 엎으시고
그들에게 이르시되 기록된바
내 집은 기도하는 집이라 일컬음을 받으리라 하셨거늘
너희는 강도의 소굴을 만드는도다 하시니라
(마태복음 21장 12-13절)

예수님께서 자신들의 사기극을 폭로하자, 그들은 예수님께 분노했다(마21:15, 막11:15-18). 그리고 그들은 결국 자신들의 이익을 지키기 위해 서슴지 않고 하나님의 아들 예수 그리스도를 십자가에 못 박아 죽였다(마21:45-46, 27:62, 요7:32, 11:45-57, 18:3, 고전2:8).

2천 년 전에 바리새인과 대제사장들은 그랬지만, 오늘날 교회와 목사들은 결코 그럴 리가 없는가? 아니다. 오히려 마지막 때가 다가온 오늘날, 세상 모든 기관들이 이익단체화 되어가는 거대한 소용돌이 속에서, 더 심하면 심했지 덜할 리는 없다.

　세상 전체가 이익단체화 되어가는 거센 풍조에 편승하여, 교회들도, 목사들의 모임인 노회도, 교단들도, 신학교들도 각각 자기 이익을 추구하는 강력한 이익단체로 변질되어 가고 있다. 에스겔서의 말씀처럼, 오늘날 목사들도 하나님께서 맡겨주신 하나님의 양 떼를 돌보지 않고 오직 자기 이익에만 몰두하는 치명적인 사기극에 빠져 있다.

여호와의 말씀이 내게 임하여 이르시되
인자야 너는 이스라엘 목자들에게 예언하라
그들 곧 목자들에게 예언하여 이르기를
주 여호와께서 이같이 말씀하시되
자기만 먹는 이스라엘 목자들은 화 있을진저
목자들이 양 떼를 먹이는 것이 마땅하지 아니하냐
너희가 살진 양을 잡아 그 기름을 먹으며 그 털을 입되
양 떼는 먹이지 아니하도다
(에스겔 34장 1-3절)

기독교 역사상 최대 사기극

지금까지 기독교 역사상 가장 큰 사기극은 16세기 초에 로마 가톨릭교회가 면죄부를 발부하면서 시작된 "죄를 둘러싼 사기극"이었다.

당시 천주교회는 거대한 이익단체로 전락하여, 있지도 않은 연옥(煉獄, purgatory)으로 불쌍한 백성들을 협박하면서, 돈을 내면 면죄부를 받아 죄 사함을 받고 천국에 들어간다는 거대한 사기극을 벌였다. 그들은 죽은 자들을 위한 면죄부까지 발행하면서 더 많은 돈을 착취하는 데 혈안이 되어 있었다.

당시 가톨릭교회는 성경을 평신도들이 읽지 못하도록 금서로 지정하고 있었기 때문에, 성경의 진리를 알지 못하는 백성들은 이들의 대담한 사기극에 속수무책으로 당할 수밖에 없었다. 이에 분노하여 일어난 것이 바로 종교개혁이다.

마틴 루터 등 개혁자들이 면죄부 판매에 분노하여 종교개혁을 일으킨지 5백여 년이 지난 오늘날, 교회와 목사들은 가톨릭교회의 면죄부보다 더 거대한 "죄를 둘러싼 사기극"을 벌이고 있다.

그것은 바로 헌금 수입과 교회 성장이라는 자신들의 이익을 증대시키기 위해, 회개하지 않은 교인들에게 면죄부를 발행하고 구원을 선포하는 "죄를 둘러싼 사기극"이다. 과거 바리새인과 가톨릭교회가 그랬던 것처럼, 오늘날 목사와 교회들도, 복음을 선포하여 교인들이 듣고 믿고 회개하여 죄 사함과 구원을 받게 하는 본연의 사역은 외면한 채, "회개 없는 구원"을 선포하여 헌금을 거두어드리고 교인 숫자를 늘리는 사기극에 몰두하고 있다는 말이다.

　오늘날 목사들은 죄를 회개하지 않은 자들에게 세례를 줌으로써 그들을 신자로 둔갑시키고, 또한 그들을 교회에 붙들어두기 위해 집사, 권사, 장로직을 남발하고 있다. 그렇게 신자가 되고 집사, 장로가 된 일부 사람들이 신학을 공부하여 심지어 목사도 되고 신학 교수도 되는 충격적인 일이 아무런 양심의 가책도 없이 벌어지고 있다.

　성경이 말하는 죄가 무엇인지도 모르고, 자신이 하나님의 심판을 받아 지옥에 갈 수밖에 없는 비참한 죄인임을 단 한 번도 가슴 아프게 느껴본 적이 없는 자들이, 그래서 하나님의 아들이 왜 그렇게 십자가에서 참혹한 죽음을 당하셨는지도 알지 못하는 자들이, 그래서 자기 죄를 한 번도 진심으로 회개한 적이 없는 사람들이, 세례를 받고, 구원과 천국을 보장받고, 집사, 권사, 장로도 되고, 심지어 목사도 되고 신학 교수도 된다.

그리고 이렇게 목사나 신학 교수가 된 이들이 교회와 신학교에서 "회개 없는 구원"을 확산시켜서, 물건을 대량 생산하는 공장처럼, 회개하지 않은 가짜 신자들을 대량 생산하는 거대한 시스템이 거침없이 돌아가고 있다.

여호와의 증인, 몰몬교, 신천지 등 이단들이 벌이는 사기극은 폭로되어 있어서 어느 정도 피할 수 있지만, 교회 안에서 벌어지는 사기극은 정통(orthodox)과 전통(tradition)이라는 가면으로 철저히 위장되어 있기 때문에, 교인들에게 훨씬 더 치명적인 결과를 낳고 있다.

수많은 교인들이 지옥을 향해 가고 있다

예수님께서 가르치신 산상수훈(마5-7장)은 보석 같은 말씀으로 가득 차 있다. 그래서 우리는 산상수훈에 담긴 교훈들을 하나 하나 모두 사랑한다. 그리고 목사들도 산상수훈을 본문으로 하여 많은 설교를 한다.

그런데 산상수훈 중에서 목사들로부터 유독 외면당하는 부분이 있다. 그것은 바로 산상수훈 중에서 가장 중요하다고 할 수 있는 결론 부분이다.

산상수훈의 결론은 거짓 선지자에 관한 경고로 시작된다.

거짓 선지자들을 삼가라
양의 옷을 입고 너희에게 나아오나
속에는 노략질하는 이리라
(마태복음 7장 15절)

예수님께서는 "거짓 선지자들", 곧 "양의 옷을 입고" 겉으로는 매우 선량한 모습으로 목회를 하지만 실상은 "노략질하는 이리"인 가짜 목사들이 마지막 때에 대거 등장할 것을 경고하셨다.

거짓 선지자가 많이 일어나
많은 사람을 미혹하겠으며
(마태복음 24장 11절)

예수님의 말씀에 의하면, 이들은 양 떼를 사랑하지 않으면서도 겉으로는 사랑하는 척하면서, 실은 자신들이 먹고 살기 위한 수단으로, 또는 자신의 성공과 명예와 권력을 추구하는 수단으로 양 떼를 이용하는 "도둑"이요 "삯꾼"들이다(요10:10-13).

산상수훈의 결론에서 예수님께서는 이들은 최후의 심판 날까지도 자신이 가짜 목사인 줄 모르고 예수님 앞에서 예수님을 "주여 주여" 부르면서, 자기들이 예수님의 이름으로 설교를 하고 예수님의 이름으로 많은 사역들을 했다고 자랑할 것이라고 말씀하셨다. 그러나 예수님께서는 이들을 향해 "내가 너희를 도무지 알지 못하니...내게서 떠나가라"는 심판을 내려 지옥에 보낼 것이라고 경고하셨다.

그날에 많은 사람이 나더러 이르되
주여 주여 우리가 주의 이름으로 선지자 노릇하며
주의 이름으로 귀신을 쫓아내며
주의 이름으로 많은 권능을 행하지 아니하였나이까 하리니
그때에 내가 그들에게 밝히 말하되
내가 너희를 도무지 알지 못하니 불법을 행하는 자들아
내게서 떠나가라 하리라
(마태복음 7장 22-23절)

예수님께서는 이런 목사들이 소수가 아니라 많다고 말씀하셨다(마7:22). 그렇다면 이 많은 목사들이 목회하는 교회에서 세례를 받고 직분자가 되고 당연히 천국에 들어갈 것이라고 착각하며 사는 교인들은 얼마나 더 많을까?

마지막 날 심판대 앞에서는 회개할 기회가 주어지지 않는다. 하나님의 심판을 받고, 타오르는 지옥 불 앞에서 땅을 치며 통곡할 교인들이 수없이 많을 것을 생각하면, 소름 끼치지 않는가?

돈과 명예를 더 사랑해서, 바리새인들처럼 천국 문을 막아서서 교인들을 배나 지옥 자식 되게 하는 목사들이 지천으로 널려 있다. 지옥 갈 줄 모르고, 이들에게 속아서 천국 갈 줄 착각하며 사는 교인들이 너무 불쌍하다.

천국은 누가 들어가는가?

누가 천국에 들어갈지를 결정하는 분은 여러분이 출석하는 교회의 담임목사도 아니고 유명 신학자들도 아니다. 누가 천국에 들어가고 누가 지옥에 갈지를 결정하는 권세가 있으신 분은 오직 하나님 한 분이시다.

입법자와 재판자는 오직 한 분이시니
능히 구원하기도 하시며 멸하기도 하시느니라
(야고보서 4장 12절 상반절)

내가 내 친구 너희에게 말하노니
몸을 죽이고 그후에는 능히 더 못하는 자들을
두려워하지 말라
마땅히 두려워할 자를 내가 너희에게 보이리니
곧 죽인 후에 또한 지옥에 던져 넣는 권세 있는
그를 두려워하라
내가 참으로 너희에게 이르노니 그를 두려워하라
(누가복음 12장 4-5절)

산상수훈의 결론 부분에서 예수님은 누가 천국에 들어가는지에 대하여 이렇게 말씀하셨다.

나더러 주여 주여 하는 자마다
다 천국에 들어갈 것이 아니요
다만 하늘에 계신
내 아버지의 뜻대로 행하는 자라야 들어가리라
(마태복음 7장 21절)

예수님의 말씀에 따르면, 천국은 예수님을 "주여 주여" 하고 부르는 자들이 모두 들어가는 곳이 아니라, 그들 가운데 오직 하나님의 뜻대로 행하는 자들이 들어가는 곳이다. 왜냐하면 천국(Kingdom of Heaven)은, 요즘 세상 나라들처럼 국민인 우리가 스스로 주권을 쥐고 행사하는 민주공화국이 아니라, 왕이신 하나님께서 절대주권을 가지고 통치하시는 왕국(kingdom, βασιλεία)이기 때문이다.

그렇다면 천국에 들어가기 위해 우리가 행해야 하는 하나님의 뜻은 무엇인가? 천국에 들어가기 위해 우리가 가장 먼저 행해야 하는 하나님의 뜻은 바로 "회개"다. 하나님의 뜻대로 살지 않고 내가 스스로 왕이 되어 내 뜻대로 살았던 죄를 먼저 회개해야, 비로소 하나님께서 통치하시는 천국에 들어가 하나님의 뜻대로 살 수 있기 때문이다.

말라기 선지자 이후 하나님께서는 긴 세월 동안 침묵하셨다. 백성들이 하나님의 말씀에 심히 목말라 있던 어느 날, 하나님께서는 세례 요한을 보내셔서 4백여 년의 긴 정적을 깨뜨리시며, 말씀하셨다. "내가 왕으로 다스리는 천국이 가까이 왔다. 나의 천국에 들어오기를 원하는가? 스스로 왕이 되어 살던 죄를 회개하라."

그때에 세례 요한이 이르러
유대 광야에서 전파하여 말하되
회개하라
천국이 가까이 왔느니라 하였으니
(마태복음 3장 1-2절)

왕으로 오신 예수님(요18:37)께서 공생애를 시작하며 가장 먼저 외치신 말씀도 동일했다.

이때부터 예수께서 비로소 전파하여 이르시되
회개하라
천국이 가까이 왔느니라 하시더라
(마태복음 4장 17절)

이처럼 천국에 들어가기 위해 우리가 우선적으로 행해야 하는 하나님의 뜻은 "회개"다. 다시 말하면, 우리가 하나님을 떠나 스스로 왕이 되어 우리 욕망대로 살았던 죄를 회개하는 것이 바로 왕이신 하나님께서 통치하시는 천국에 들어가는 첫걸음이다.

회개라는 문을 통과하지 않으면, 천국에 들어갈 수 없다. 다른 문이 없기 때문이다.

그럼에도 불구하고, 영적 맹인 바리새인들처럼, 오늘날도 많은 맹인 목사들이 회개하지 않은 자들에게 구원을 선포하는 사기극을 벌이며, 수많은 맹인 교인들을 이끌고 지옥으로 몰려가고 있다.

그냥 두라 그들은 맹인이 되어 맹인을 인도하는 자로다

만일 맹인이 맹인을 인도하면

둘이 다 구덩이에 빠지리라 하시니

(마태복음 15장 14절)

오해 없기를 바란다

목사들이 거대한 사기극을 벌인다는 나의 말은 이런 현상이
온 세상에 편만해졌음을 강조하는 말이지, 모든 목사들이 예외
없이 모두 타락했다는 말은 아니다.

이스라엘 백성 중에 바알 숭배가 홍수처럼 범람했던 엘리야
의 시대에도, 바알에게 무릎 꿇지 않고 오직 하나님만 섬기는
사람 7천 명을 남겨두셨던 것처럼(왕상19:18), 하나님께서는 오
늘날도 세상에 무릎 꿇지 않고 오직 하나님만 섬기는 참 목사
와 성도들을 상당수 "남은 자"(remnant)로 남겨두셨다고 확신
한다.

...너희가 성경이 엘리야를 가리켜 말한 것을

알지 못하느냐

그가 이스라엘을 하나님께 고발하되

주여 그들이 주의 선지자들을 죽였으며

주의 제단들을 헐어 버렸고

나만 남았는데 내 목숨도 찾나이다 하니

그에게 하신 대답이 무엇이냐

내가 나를 위하여 바알에게 무릎을 꿇지 아니한 사람

칠천 명을 남겨두었다 하셨으니

그런즉 이와 같이

지금도 은혜로 택하심을 따라 **남은 자가 있느니라**

(로마서 11장 2-5절)

또한 이 책은 목사들의 죄와 수치를 폭로하고 비판하기 위한 책도 아니다. 이 책의 저술 목적은 세상 풍조에 휩쓸려서 지금까지 자신도 모르게 "회개 없는 구원"을 선포하며 사기극에 가담해 온 목사님들이 다시금 성경으로 돌아가 하나님 앞에서 이 문제를 놓고 기도하기를 원하는 것이다.

이 책을 읽으면서 하나님의 말씀을 깨닫는다면, 하나님 앞에서 자신의 죄를 회개하고, 이제부터 예수님께서 하신 것처럼 백성들에게 회개를 선포하면 된다.

너희는 이 세대를 본받지 말고

오직 마음을 새롭게 함으로 변화를 받아

하나님의 선하시고 기뻐하시고 온전하신 뜻이 무엇인지
분별하도록 하라
(로마서 12장 2절)

그리고 예수님을 따라 죄를 책망하며 회개를 선포해 오신 목
사님들은 사람들이 "복음"을 듣고 믿고 구원을 얻을 수 있도록
더욱 담대하게 "회개"를 선포하게 되기를 기도한다.

요한이 잡힌 후에
예수께서 갈릴리에 오셔서
하나님의 복음을 전파하여
이르시되 때가 찼고 하나님의 나라가 가까이 왔으니
회개하고 복음을 믿으라 하시더라
(마가복음 1장 14-15절)

SALVATION
WITHOUT
REPENTANCE

2장

회개 없이 구원 없다

2장

회개 없이 구원 없다

양극단을 피하라

하나님은 "사랑의 하나님"인 동시에 "의의 하나님"이시다. 다시 말하면, 사랑(love, agape)은 하나님의 본성이므로(요일4:7-8), 하나님께서는 그의 사랑을 포기하실 수 없으시다. 마찬가지로 의(righteousness)도 그의 본성이므로(시7:11, 89:14, 요17:25, 롬1:17), 하나님께서는 그의 의도 포기하실 수 없다.

그래서 우리가 죄인 되었을 때, 하나님의 두 본성 곧 그의 사랑과 그의 의는 서로 부딪힐 수밖에 없었다. 하나님의 사랑은 우리 죄를 용서하기 원했지만, 그의 의는 우리 죄를 반드시 심판해야 했기 때문이다.

하나님의 포기하실 수 없는 두 본성, 곧 우리 죄인들을 용서하려는 하나님의 사랑과 우리 죄인들을 심판해야 하는 하나님의 의가 정면충돌하는 진퇴양난의 딜레마에서, 이 문제를 해결하신 "하나님의 지혜"가 바로 십자가였다(고전1:18-24). 십자가, 곧 그의 아들이 우리 죄를 대신 지고 그의 의의 진노의 잔을 마신 십자가에서 하나님은 그의 사랑과 그의 의를 동시에 온전히 충족하셨다.

이 예수를 하나님이 그의 피로써 믿음으로 말미암는
화목제물로 세우셨으니
이는 하나님께서 길이 참으시는 중에
전에 지은 죄를 간과하심으로
자기의 의로우심을 나타내려 하심이니
곧 이때에 **자기의 의로우심**을 나타내사
자기도 의로우시며
또한 예수 믿는 자를 의롭다 하려 하심이라
(로마서 3장 25-26절)

우리가 아직 죄인 되었을 때에
그리스도께서 우리를 위하여 죽으심으로
하나님께서 우리에 대한 **자기의 사랑**을 확증하셨느니라
(로마서 5장 8절)

우리를 죄와 사망에서 구원하는 십자가의 복음은 이렇게 하나님의 사랑과 하나님의 의라는 이 두 기둥 위에 세워졌다. 그러므로 우리는 하나님의 사랑과 하나님의 의, 둘 중 하나에 치우치는 양극단을 반드시 피해야 한다. 둘 중 하나가 무너지면, 복음 전체가 무너지기 때문이다.

그렇지만 역사적으로 보면, 교회 안에는 둘 중 하나에 치우치는 양극단, 곧 하나님의 사랑을 무시하고 하나님의 의를 지나치게 강조하는 율법주의(legalism)와 반대로 하나님의 의를 무시하고 하나님의 사랑을 지나치게 강조하는 율법폐기론(antinomianism)이 늘 대립해 왔다.

그러나 우리는 "우로나 좌로나 치우치지 말라"고 하신 말씀(수 1:7)에 순종하여 양극단을 모두 피해야 한다.

우로 치우셔서 하나님의 사랑은 외면하고 그의 의를 지나치게 강조하며 율법을 행해야 구원을 얻는다고 주장하는 율법주의를 피해야 한다. 왜냐하면 구원은 율법을 행함으로 얻는 것이 아니라 "오직 믿음"으로 얻기 때문이다(요3:16, 롬1:17, 갈2:16, 엡2:8).

그렇지만 좌로 치우셔서 하나님의 의를 무시하고 그의 사랑만 지나치게 강조하며 죄를 회개하지 않은 사람들에게 구원을 선포하는 <u>율법폐기론</u>도 우리는 반드시 물리쳐야 한다. 왜냐하면 율법폐기론도 율법주의처럼 동일하게 복음을 치명적으로 무너뜨리기 때문이다.

율법을 폐기하면 안 되는 이유

우리는 율법을 행함으로 하나님 앞에서 "의롭다 하심" 곧 구원을 얻지 못한다.

그러므로 율법의 행위로
그의 앞에 의롭다 하심을 얻을 육체가 없나니
(로마서 3장 20절 상반절)

그렇다면 율법을 폐기해도 되는가? 결코 아니다. 율법이 없으면 우리가 죄를 깨달을 수 없기 때문이다.

율법으로는 죄를 깨달음이니라
(로마서 3장 20절 하반절)

율법으로 말미암지 않고는 내가 죄를 알지 못하였으니
곧 율법이 탐내지 말라 하지 아니하였더라면

내가 탐심을 알지 못하였으리라
(로마서 7장 7절 하반절)

다시 말하면, 율법이 없으면 죄를 깨달을 수 없고, 죄를 깨닫지 못하면 죄를 회개할 수 없고, 죄를 회개하지 못하면 죄 사함을 받지 못하고, 죄 사함을 받지 못하면 구원을 받을 수 없기 때문에, 율법은 반드시 있어야 한다는 말이다.

율법은 우리를 구원할 능력은 없지만 우리로 하여금 우리 죄를 깨닫게 하여 우리 죄의 문제를 해결하신 유일한 구원자 예수 그리스도께 나아가 믿음으로 구원을 얻게 하는 대체 불가능한 역할을 감당하기 때문에, 율법은 우리에게 절대적으로 필요하다.

이같이 **율법이**
우리를 그리스도께로 **인도하는 초등교사가** 되어
우리로 하여금
믿음으로 말미암아 의롭다 함을 얻게 하려 함이라
(갈라디아서 3장 24절)

그러므로 믿음으로 구원을 얻은 우리는 "도리어 율법을 굳게" 세워야 한다.

그런즉 우리가 믿음으로 말미암아 율법을 파기하느냐
그럴 수 없느니라 도리어 율법을 굳게 세우느니라
(로마서 3장 31절)

그렇지만 오늘날 교회를 살펴보면, 죄를 심판하셔야 하는 하나님의 의를 무시하고, 죄를 용서하시는 하나님의 사랑만 지나치게 강조하는 율법폐기론으로 기울어져 있다. 그래서 이런 풍조에 합세하는 수많은 목사와 신학자들이, 예수님께서도 폐하지 않으신 율법(마5:17-20)을 거침없이 폐기 처분함으로써, 죄를 회개하지 않은 교인들에게 구원을 선포하고 천국을 보장하는, 거대한 사기극의 무대를 완성하였다.

현대판 면죄부를 믿지 말고 회개하라

가톨릭교회가 판매했던 면죄부가 사기였던 것처럼, 오늘날 교회가 회개하지 않은 사람들에게 구원을 선포하는 것 역시 동일한 사기다. "회개하지 아니하면" 죄 사함을 받지 못하고 모두 망하기 때문이다.

너희에게 이르노니
아니라

너희도 만일 **회개하지 아니하면**
다 이와 같이 **망하리라**

(누가복음 13장 3, 5절)

그러므로 회개하라. 성경 말씀대로, 죄 사함은 오직 회개를
통해서 받기 때문이다.

요한이 요단 강 부근 각처에 와서
죄 사함을 받게 하는 회개의 세례를 전파하니

(누가복음 3장 3절)

베드로가 이르되
너희가 **회개하여**
각각 예수 그리스도의 이름으로 세례를 받고
죄 사함을 받으라
그리하면 성령의 선물을 받으리니

(사도행전 2장 38절)

그러므로 너희가 **회개하고** 돌이켜
너희 죄 없이 함을 받으라

(사도행전 3장 19절 상반절)

일부 목사와 교인들 중에는 "오직 믿음"으로 구원을 얻는 이신칭의 교리를 지나치게 확대 적용하여, 예수 그리스도께서 우리의 모든 죄를 지고 십자가에서 죽으셨기 때문에, 오직 믿기만 하면 죄를 회개하지 않아도 우리의 과거, 현재, 미래의 모든 죄가 단번에 모두 이미 사함을 받은 것이라고 착각하는 사람들이 있다.

그러나 이런 생각이나 주장은 이신칭의를 남용하는 오류에 불과하다. 하나님은 그의 본성인 의를 포기하실 수 없으신 분이므로, 회개하지 않은 사람을 그냥 용서하실 수 없으시기 때문이다.

그러므로 죄를 회개하지 않으면, 죄 사함이 없고, 그래서 구원도 없고 천국도 없고, 오직 하나님의 심판이 기다릴 뿐이다.

하나님은 의로우신 재판장이심이여
매일 분노하시는 하나님이시로다
사람이 회개하지 아니하면
그가 그의 칼을 가심이여
그의 활을 이미 당기어 예비하셨도다
(시편 7편 11-12절)

주 여호와의 말씀이니라

이스라엘 족속아 내가 너희 각 사람이 행한 대로

심판할지라

너희는 돌이켜 회개하고 모든 죄에서 떠날지어다

(에스겔 18장 30절 상반절)

혹 네가 하나님의 인자하심이 너를 인도하여

회개하게 하심을 알지 못하여

그의 인자하심과 용납하심과 길이 참으심이 풍성함을

멸시하느냐

다만 네 고집과 회개하지 아니한 마음을 따라

진노의 날 곧 하나님의 의로우신 심판이 나타나는

그날에 임할 진노를 네게 쌓는도다

(로마서 2장 4-5절)

또 내가 그에게 회개할 기회를 주었으되

자기의 음행을 회개하고자 하지 아니하는도다

볼지어다 내가 그를 침상에 던질 터이요

또 그와 더불어 간음하는 자들도 만일 그의 행위를

회개하지 아니하면

큰 환난 가운데에 던지고

또 내가 사망으로 그의 자녀를 죽이리니

모든 교회가 나는 사람의 뜻과 마음을
살피는 자인 줄 알지라
내가 너희 각 사람의 행위대로 갚아주리라
(요한계시록 2장 21-23절)

지옥은 물론 죄를 지었기 때문에 간다. 그렇지만 믿고 회개하면 그의 아들의 피로 죄 사함을 받는 길을 하나님께서 은혜로 열어주셨기 때문에, 지옥에 가는 실제 이유는 회개하지 않기 때문이다.

예수 그리스도의 재림과 함께 "심판과 멸망의 날"이 임하면, 회개하지 않은 모든 자들은 심판을 받아 영원히 지옥에 들어간다(벧후3:1-7). 그래서 하나님께서는 한 사람이라도 더 회개하도록 오래 참고 기다리고 계시다.

주의 약속이 어떤 이들이 더디다고 생각하는 것같이
더딘 것이 아니라
오직 주께서는 너희를 대하여 오래 참으사
아무도 멸망하지 아니하고
다 회개하기에 이르기를 원하시느니라
(베드로후서 3장 9절)

심판과 멸망의 날이 성큼성큼 다가오고 있다. 하나님께서는 심판에 앞서 여러분이 모두 회개하기를 인내하며 기다리고 계시다. 그러므로 회개하라. 회개 외에 하나님의 심판과 멸망을 피할 다른 길은 없다.

웨스트민스터 신앙고백 15장 3조도 "죄 용서는 그리스도 안에서 거저 주시는 하나님의 은혜의 행위이다. 그러나 회개는 모든 죄인들에게 절대 필요한 것이니, 아무도 회개 없이는 죄 사함을 기대할 수 없다"고 분명하게 선을 긋고 있다.

그러므로 착각하지 말라. 회개가 없으면 죄 사함이 없고, 죄 사함이 없으면 구원도 없다.

모든 인간이 회개해야 한다

지구상에 모든 인간이 회개해야 하는 이유는 모든 사람이 하나님 앞에서 죄인이기 때문이다.

범죄하지 아니하는 사람이 없사오니
(열왕기상 8장 46절 상반절)

45

선을 행하고 죄를 범하지 아니하는 의인은
세상에 없기 때문이로다
(전도서 7장 20절)

그러면 어떠하냐 우리는 나으냐 결코 아니라
유대인이나 헬라인이나 다 죄 아래 있다고
우리가 이미 선언하였느니라
기록된 바 의인은 없나니 하나도 없으며
(로마서 3장 9-10절)

모든 사람이 죄를 범하였으매
하나님의 영광에 이르지 못하더니
(로마서 3장 23절)

날씨 정보 웹서비스 아큐웨더(AccuWeather.com)에 의하면, 1995년부터 2008년 사이에 미국에서 벼락을 맞아 사망한 사람은 모두 648명이었는데, 그 중에 82%가 남성이었다고 한다. 그리고 미국 기상청(NWS)에서도 2006년부터 2016년 사이에 낙뢰로 352명이 사망했는데 그 중에 남자가 79%였다고 한다.

그렇다면 남성이 벼락을 맞고 죽을 확률이 여성의 대략 4배이다. 왜 그럴까? 여성들은 남자들이 죄가 많아서 그렇다고 생각하겠지만, 성경은 남자나 여자나 똑같이 모두 죄인이라고 말씀하고 있다. 다윗의 고백처럼, 인간은 태어날 때부터 모두 죄인으로 태어난다.

내가 죄악 중에서 출생하였음이여
어머니가 죄 중에서 나를 잉태하였나이다
(시편 51편 5절)

미국 조직신학자 스프롤(R. C. Sproul)의 말처럼, 우리는 죄를 지어서 죄인이 되는 것이 아니라, 죄인으로 태어나기 때문에 죄를 짓는 것이다. 이 책을 읽는 여러분도 이 책을 쓰는 나도 예외 없이, 우리는 모두 죄악 중에 태어나서 알게 모르게 죄를 지으며 살아가는 죄인들이다.

첫 사람 아담 이후 모든 인류가 죄인으로 출생하기 때문에, 웨스트민스터 소요리문답 19는 "우리는 모두 하나님과의 교제가 끊어진 상태에서 태어나 하나님의 진노와 저주 아래 비참한 인생을 살다가 결국 사망과 영원한 지옥의 형벌을 받게 된다"고 가르치고 있다.

그렇지만 하나님께서는 죄인으로 태어난 우리가 하나님의 진노의 심판을 피하여 천국에 들어올 수 있도록, 그의 아들을 통

47

해 문을 하나 열어놓으셨는데, 그것이 바로 "회개"다. 회개 외에 천국에 들어가는 다른 문은 없다.

회개하라
천국이 가까이 왔느니라
(마태복음 4장 17절)

모든 문제는 죄에서 시작된다

세상이 온갖 문제들로 가득 차 있지만, 그 많은 문제들 중에서 우리가 우선적으로 해결해야 하는 가장 중대한 문제는 죄이다. 왜냐하면 죄는 세상에 모든 문제들을 일으키는 근본 원인이기 때문이다. 우리가 직면한 개인, 가정, 국가, 사회의 모든 문제들은 죄라는 이 근본 문제에서 파생되는 지엽적 문제에 불과하다.

죄는 여러 면에서 암과 비슷한 성질을 지니고 있다. 예를 들면, 근본 문제는 암이지만, 암이라는 이 근본 문제에서 통증, 발열, 기침, 피로, 체중감소, 소화불량 등 여러 증상들이 쏟아져 나오는 것처럼, 인류에게도 근본 문제는 죄인데, 죄라는 이 근본 문제에서 세상과 개인을 고통으로 몰고 가는 온갖 문제들이 쏟아져 나오기 때문이다.

　그러므로 모든 문제들의 뿌리인 죄라는 이 근본 문제를 해결하지 않는다면, 우리는 우리에게 닥친 문제들 중 어느 것 하나도 제대로 해결할 수 없다.

　그렇지만 사람들은 죄라는 근본 문제를 도외시한 채, 죄에서 쏟아져 나오는 온갖 문제들을 해결하려고 엄청난 노력을 기울이고 있다. 그러나 그런 노력은 암 덩어리는 방치한 채 암이 가져오는 여러 증상에 매달리는 것 같아서, 증상들을 잠시 완화할 수는 있지만, 실상 문제는 점점 더 악화되어 갈 뿐이다.

　오래전에 미국 어떤 정신병원에 관한 글을 읽은 적이 있다. 이 병원에는 환자가 퇴원해도 좋을지를 결정하는 독특한 테스트가 있다고 한다. 치료가 어느 정도 이루어져서 퇴원해도 좋을지를 결정해야 할 시점에 이르면, 이 환자를 구내식당에 데려간다고 한다. 미리 구내식당에 수도꼭지를 틀어놓아 물이 싱크대를 넘어 식당 바닥으로 철철 흘러넘치는 상황을 조성해 놓고, 환자가 이 문제를 어떻게 대처하는지를 본다고 한다.

　이런 당황스런 상황에서, 환자가 대걸레를 가지고 와서 바닥에 흘러넘친 물을 닦으면, 이 환자는 불합격이다. 퇴원이 보류

된다. 그러나 먼저 수도꼭지로 달려가서 잠그면, 이 환자는 합격이다.

환자가 퇴원을 하면, 수도꼭지에서 물이 쏟아져 나오는 것처럼 쏟아져 나오는 온갖 문제에 당장 부딪힐 텐데, 이 환자가 만일 쏟아져 나온 문제들과 씨름을 하면, 그의 정신병이 다시 재발할 수밖에 없기 때문에, 먼저 문제의 근원을 찾아 잠글 줄 아는 환자들만 퇴원을 시킨다는 것이다.

그렇지만 오늘날 세상을 보면, 문제들을 쏟아내는 수도꼭지를 잠그지 않은 채, 쏟아져 나온 온갖 문제들과 정신없이 씨름하며, 소중한 시간과 에너지를 소진하는, 어리석고 허무한 인생들을 수없이 많이 본다. 여러분은 어떠한가?

인류 역사를 살펴보면, 수도꼭지를 막으려는 시도가 전혀 없었던 것은 아니다. 인류 역사상 수도꼭지를 막으려 했던 시도 중에 가장 뛰어난 시도는 공산 혁명이었다.

공산주의의 허구

1848년 런던에서 프리드리히 엥겔스(Friedrich Engels)와 함께 공산당 선언(Communist Manifesto)을 출판했던 칼 마르크스(Karl Marx)는 "이제까지의 철학은 세상을 해석하는 것이었지만, 앞으로의 철학은 세상을 변혁시키는 것이 될 것이다"고 선언했다. 다시 말하면, 이전의 철학은 세상의 문제들을 형이상학적으로 들추어내는 것에 불과했지만, 이제 등장한 공산주의 철학은 실제로 수도꼭지를 틀어막아 사회 모든 문제들을 해결하고 세상을 치유하겠다는 선언이었다.

공산당 선언과 자본론(Das Kapital)에서 그가 지적한 수도꼭지는 부르주아 유산계급을 낳은 자본주의(capitalism)였다. 인류 역사는 계급 투쟁의 역사이므로, 만국의 노동자 프롤레타리아 무산계급이 단결하여 혁명을 일으켜서, 부르주아 계급을 숙청하여 자본주의라는 수도꼭지를 막으면, 세상의 모든 문제들이 해결되고 유토피아가 건설된다는 주장이었다.

실제로 그들은 1917년 제정 러시아를 무너뜨리고 공산 혁명에 성공했다. 솔제니친(Alexander Solzhenitsyn)의 러시아 혁명사에 의하면, 그들은 황제 일가, 귀족, 지주, 자본가 등 부르주아 계급 6천만 명을 학살하고 혁명에 성공했다.

그렇다면 그들은 과연 그들의 주장대로 정말 세상의 온갖 문제들을 해결하고 지상낙원을 건설했는가? 아니다. 문제 해결은

커녕 오히려 더 처절하게 더 많은 문제들을 양산하다가, 결국 80년도 버티지 못한 채 1991년에 참혹하게 무너지고 말았다.

노동자, 소작농, 그리고 바보 같은 지식인들의 열광적인 환호와 지지를 받으며 성취한 그들의 혁명이, 인류 역사상 최대의 희생을 치렀음에도 불구하고, 왜 그렇게 얼마 견디지 못하고 초라하게 무너졌을까?

그 이유는 수도꼭지의 정체를 잘못 짚었기 때문이다. 유물사관으로 무장된 무신론자로서 그들은 하나님의 말씀을 철저히 외면했기 때문에, 그들은 성경이 말하는 죄의 존재를 깨달을 수 없었고, 그래서 그들은 세상의 모든 문제들을 쏟아내는 출처에 대하여 완전히 무식할 수밖에 없었다.

그들은 부르주아 계급을 죄인으로 정죄했지만, 노동자들뿐 아니라 혁명가인 그들 자신조차도 그들이 숙청한 유산계급과 전혀 다른 것이 없는 똑같은 죄인이라는 성경의 진리를 깨닫지 못했기 때문에, 그들의 혁명은 실패로 끝날 수밖에 없었다.

그렇다면 세상에 온갖 문제들을 쏟아내는 수도꼭지는 무엇인가?

수도꼭지의 정체는 죄이다

　오늘날 인문학과 과학이 고도로 발달했음에도 불구하고, 사람들은 세상에 온갖 문제들을 쏟아내는 수도꼭지의 정체를 여전히 모른다. 공부를 많이 한 지식인일수록 인간의 이성(reason)을 우상시하는 경향이 강하기 때문에, 영적으로는 오히려 더 무지하다.

우리가 이것을 말하거니와
사람의 지혜가 가르친 말로 아니하고
오직 성령께서 가르치신 것으로 하니
영적인 일은 영적인 것으로 분별하느니라
육에 속한 사람은 하나님의 성령의 일들을 받지 아니하나니
이는 그것들이 그에게는 어리석게 보임이요
또 그는 그것들을 알 수도 없나니
그러한 일은 영적으로 분별되기 때문이라
(고린도전서 2장 13-14절)

아무도 자신을 속이지 말라
너희 중에 누구든지 이 세상에서 지혜 있는 줄로 생각하거든
어리석은 자가 되라
그리하여야 지혜로운 자가 되리라

이 세상 지혜는 하나님께 어리석은 것이니
기록된 바 하나님은 지혜 있는 자들로
자기 꾀에 빠지게 하시는 이라 하였고
(고린도전서 3장 18-19절)

그러므로 수도꼭지의 정체를 알려면, 우리는 자기 꾀에 빠진 인간의 이성이 아니라 하나님의 말씀인 성경으로 돌아가야 한다.

성경을 통해 보면, 세상에 모든 문제들을 쏟아내기 시작한 수도꼭지의 정체는 바로 "죄"였다. 하나님의 말씀에 불순종한 인류의 시조 아담 "한 사람"을 통해 죄가 세상에 들어왔다. 그리고 그렇게 세상에 들어온 죄라는 이 수도꼭지를 통해 죽음이라는 치명적인 문제가 "모든 사람"에게 이르렀다.

그러므로 한 사람으로 말미암아 죄가 세상에 들어오고
죄로 말미암아 사망이 들어왔나니
이와 같이 모든 사람이 죄를 지었으므로
사망이 모든 사람에게 이르렀느니라
(로마서 5장 12절)

또한 죄의 수도꼭지를 통해 세상에 저주가 들어왔다. 그래서 사람은 저주받은 땅에서 먹고 살기 위해 평생 힘들게 노동을

하다가 결국 흙으로 돌아가는 허무한 인생으로 전락했다.

아담에게 이르시되 네가 네 아내의 말을 듣고
내가 네게 먹지 말라 한 나무의 열매를 먹었은즉
땅은 너로 말미암아 저주를 받고
너는 네 평생에 수고하여야 그 소산을 먹으리라
땅이 네게 가시덤불과 엉겅퀴를 낼 것이라
네가 먹을 것은 밭의 채소인즉
네가 흙으로 돌아갈 때까지
얼굴에 땀을 흘려야 먹을 것을 먹으리니
네가 그것에서 취함을 입었음이라
너는 흙이니 흙으로 돌아갈 것이니라 하시니라
(창세기 3장 17-19절)

그리고 죄 때문에 사람들은 지상낙원인 에덴 동산에서 세상으로 쫓겨났다(창3:24). 그 후로 인류는 죄에서 정신없이 쏟아져 나오는 온갖 문제들과 씨름하며 살아야 했다.

아담의 죄를 통해 한번 열린 수도꼭지는 가인이 동생 아벨을 죽이는 살인부터 시작하여 오늘날에 이르기까지 폭력, 증오, 간음, 우상숭배, 탐욕, 학대, 전쟁 등 온갖 문제들을 쉴 새 없이 세상에 쏟아내고 있다.

수도꼭지를 잠가야 한다

개인이나 인류가 가장 먼저 해야 하는 일은 온갖 문제들을 오늘날도 쉴 새 없이 쏟아내고 있는 죄라는 수도꼭지를 잠그는 일이다. 잠그지 않으면, 어떤 개인이나 어떤 사회도 아무 소망이 없기 때문이다.

그러므로 우리는 무슨 대가를 치르더라도 이 수도꼭지를 잠가야 한다.

그러나 문제는 우리가 죄라는 수도꼭지의 정체를 알더라도, 우리에게는 이 수도꼭지를 잠글 능력이 없다는 것이다. 아담 이후 모든 인간은 한결같이 모두 죄의 지배 아래 살며 죄를 섬기는 "죄의 종"(노예, δοῦλος)으로 전락했기 때문이다.

> 그러면 어떠하냐 우리는 나으냐 결코 아니라
> 유대인이나 헬라인이나
> 다 **죄 아래에 있다고**(under the power of sin)
> 우리가 이미 선언하였느니라
> (로마서 3장 9절)

...너희가 본래 **죄의 종**이더니...

...너희가 본래 **죄의 종**이더니...
(로마서 6장 17절)

죄인으로 태어나 죄의 노예로 살면서, 죄에서 쏟아져 나오는 문제들과 정신없이 씨름하며 살다가, 결국 죽어 지옥에 가는, 이 필연의 사슬에서 벗어날 수 있는 인간은 아무도 없다.

여러분은 죄라는 수도꼭지를 잠그기 위해 "피흘리기까지" 죄와 싸워본 경험이 있는가?

너희가 죄와 싸우되
아직 피흘리기까지는 대항하지 아니하고
(히브리서 12장 4절)

죄와 싸워보지 않은 사람은 죄의 힘이 얼마나 강한지를 알지 못한다. 죄와 싸워본 후, 사도 바울은 인간인 자신에게는 죄와 싸워 이길 능력이 없음을 깨닫고 이렇게 탄식했다.

내 지체 속에서 한 다른 법이 내 마음의 법과 싸워
내 지체 속에 있는 죄의 법으로
나를 사로잡는 것을 보는도다
오호라 나는 곤고한 사람이로다

이 사망의 몸에서 누가 나를 건져내랴

(로마서 7장 23-24절)

이처럼 우리 모든 인간에게는 죄의 사슬에서 벗어날 희망이 전혀 없다. 우리는 죄가 무엇인지도 잘 모를 뿐 아니라, 알더라도 죄의 지배 아래 살아가는 죄의 종으로 죄와 싸워 이길 능력이 없기 때문이다. 결국 죄의 포로가 되어 지옥으로 끌려가는 것 외에 우리에게 다른 길은 없다.

이런 절망적인 상황에서 사도 바울은 우리를 죄의 사슬에서 해방시키는 유일한 희망이 예수 그리스도께 있음을 깨닫고 감격하여 이렇게 감사를 드렸다.

우리 주 예수 그리스도로 말미암아

하나님께 감사하리로다

(로마서 7장 25절 상반절)

수도꼭지를 막기 위해 오신 분

하나님께서는 죄의 수도꼭지를 잠그고 우리를 죄의 절망에서 구원하기 위해 그의 아들을 이 땅에 보내셨다.

흑암에 행하던 백성이 큰 빛을 보고
사망의 그늘진 땅에 거주하던 자에게 빛이 비치도다...
이는 한 아기가 우리에게 났고
한 아들을 우리에게 주신 바 되었는데
그의 어깨에는 정사를 메었고
그의 이름은 기묘자라, 모사라, 전능하신 하나님이라,
영존하시는 아버지라, 평강의 왕이라 할 것임이라
(이사야 9장 2, 6절)

아들을 낳으리니 이름을 예수라 하라
이는 그가 자기 백성을
그들의 죄에서 구원할 자이심이라 하리라
(마태복음 1장 21절)

　죄의 수도꼭지를 잠그시고 우리를 죄의 사슬에서 해방시키기 위해 예수님께서 하신 일은 놀랍게도 우리의 죄를 대신 지고 십자가에서 죽으신 것이었다.

그는 실로 우리의 질고를 지고 우리의 슬픔을 당하였거늘
우리는 생각하기를 그는 징벌을 받아
하나님께 맞으며 고난을 당한다 하였노라
그가 찔림은 우리의 허물 때문이요

그가 상함은 우리의 죄악 때문이라
그가 징계를 받으므로 우리는 평화를 누리고
그가 채찍에 맞으므로 우리는 나음을 받았도다
우리는 다 양 같아서 그릇 행하여 각기 제 길로 갔거늘
여호와께서는 우리 모두의 죄악을 그에게 담당시키셨도다
(이사야 53장 4-6절)

이것은 죄 사함을 얻게 하려고
많은 사람을 위하여 흘리는 바 나의 피 곧 언약의 피니라
(마태복음 26장 28절)

이튿날 요한이 예수께서 자기에게 나아오심을 보고 이르되
보라 세상 죄를 지고 하는 하나님의 어린 양이로다
(요한복음 1장 29절)

이와 같이 그리스도도 많은 사람의 죄를 담당하시려고
단번에 드리신 바 되셨고
(히브리서 9장 28절 상반절)

친히 나무에 달려 그 몸으로 우리 죄를 담당하셨으니
이는 우리로 죄에 대하여 죽고
의에 대하여 살게 하려 하심이라

그가 채찍에 맞음으로 너희는 나음을 얻었나니
(베드로전서 2장 24절)

예수 그리스도께서 우리 죄를 품고 죽음으로써, 자신 곧 "그리스도 안에서"(In Christ, ἐν Χριστῷ) 죄를 죽이고 "그리스도 안에서" 죄의 수도꼭지를 잠그셨다.

그래서 세례를 받음으로 죄의 종이었던 나의 "옛 사람"이 그리스도와 연합(Union with Christ)하여 그리스도와 함께 죽으면 (롬6:3-4), "그리스도 안에서" 내 죄가 죽기 때문에, "그리스도 안에서" 내가 "죄에서 벗어나" 구원을 얻는 것이다(롬6:6-7).

무릇 그리스도 예수와 합하여 세례를 받은 우리는
그의 죽으심과 합하여 세례를 받은 줄을 알지 못하느냐
그러므로 우리가 그의 죽으심과 합하여 세례를 받음으로
그와 함께 장사되었나니...
(로마서 6장 3-4절)

우리가 알거니와
우리의 옛 사람이 예수와 함께 못 박힌 것은
죄의 몸이 죽어
다시는 우리가 죄에게 종노릇 하지 아니하려 함이니

이는 죽은 자가 **죄에서 벗어나**
의롭다 하심을 얻었음이라
(로마서 6장 6-7절)

그러므로 이제 **그리스도 예수 안에** 있는 자에게는
결코 정죄함이 없나니
이는 **그리스도 예수 안에** 있는 생명의 성령의 법이
죄와 사망의 법에서 너를 해방하였음이라
(로마서 8장 1-2절)

우리는 **그리스도 안에서** 그의 은혜의 풍성함을 따라
그의 피로 말미암아 속량 곧 죄 사함을 받았느니라
(에베소서 1장 7절)

부활하신 후에 예수님께서는 제자들에게, 성경에 기록된 대로 내가 내 죽음과 부활을 통해 죄의 수도꼭지를 잠갔으니, "이 모든 일의 증인"인 너희는 이제 내 이름으로 "죄 사함을 받게 하는 회개"를 "예루살렘에서 시작하여 모든 족속에게" 전파하라고 명령하셨다.

이에 그들의 마음을 열어 성경을 깨닫게 하시고
또 이르시되 이같이 그리스도가 고난을 받고

제삼 일에 죽은 자 가운데서 살아날 것과
또 그의 이름으로 **죄 사함을 받게 하는 회개가**
예루살렘에서 시작하여 모든 족속에게 전파될 것이
기록되었으니
너희는 이 모든 일의 증인이라
(누가복음 24장 45-48절)

그리스도께서 죄라는 수도꼭지를 막으셨기 때문에, 이제는 누구든지 복음을 듣고 믿고 회개하기만 하면, "그리스도 안에서" 그의 이름으로 죄 사함을 받고 천국 백성이 되는 문이 활짝 열린 것이다.

여러분은 지금 어떤 삶을 살고 있는가? 아직도 죄가 무엇인지 모른 채, 죄가 쏟아내는 온갖 문제들과 정신없이 씨름하며 살고 있는가? 죄가 해결되지 않으면, 여러분은 어느 문제도 제대로 해결하지 못한 채 어느 날 허무하게 인생을 마치고, 하나님의 심판대 앞에 서게 될 것이다.

죄라는 근본 문제를 해결하기 원하는가? 길은 오직 하나밖에 없다. 죄의 수도꼭지를 막으신 예수 그리스도의 복음을 듣고 믿고 회개하라. 여러분에게도 "그리스도 안에서" 죄라는 근본 문제가 해결될 것이다. 암 덩어리가 치료되면 온갖 증상들이 사라

지듯이, 죄라는 근본 문제가 해결되면 그동안 여러분을 괴롭혀 온 모든 문제들이 뿌리부터 해결되기 시작할 것이다.

SALVATION WITHOUT REPENTANCE

3장

회개란 무엇인가?

3장

회개란 무엇인가?

성경이 말하는 회개

이 장에서는, 회개하기를 원하는 분들을 위해, 회개가 무엇인지에 대하여 살펴보려고 한다. 인간이 지은 모든 책과 주장들을 제쳐두고, 단순하게 성경으로 들어가려고 한다. 회개를 받으시는 분은 하나님이시므로, 하나님께서 원하시는 회개를 하려면, 성경에서 하나님이 말씀하신 회개가 무엇인지를 아는 것으로 충분하기 때문이다.

회개는 죄를 회개하는 것이므로, 성경이 말하는 회개가 무엇인지를 보다 쉽게 이해하려면, 성경이 말하는 죄가 무엇인지를 먼저 아는 것이 중요하다. 죄에 대한 여러 정의들이 있지만, 간단히 말하면, 성경이 말하는 죄는 하나님을 버리고 떠나는 것, 곧 왕이신 하나님을 버리고 떠나 스스로 왕이 되어 자기 욕망대로 사는 것이다.

슬프다 범죄한 나라여 허물 진 백성이요
행악의 종자요 행위가 부패한 자식이로다
그들이 여호와를 **버리고**
이스라엘의 거룩하신 이를 만홀히 여겨
멀리하고 물러갔도다
(이사야 1장 4절)

내 백성이 두 가지 악을 행하였나니
곧 그들의 생수의 근원되는 **나를 버린 것**과
스스로 웅덩이를 판 것인데
그것은 그 물을 가두지 못할 터진 웅덩이들이니라
(예레미야 2장 13절)

성경적으로 보면, 죄가 이렇게 하나님을 버리고 떠나는 것이므로, 회개는 죄의 길에서 유턴(u-turn)하여 하나님께로 돌아오는 것이다.

실제로 구약성경에서 회개를 뜻하는 히브리어 동사 슈브(שוב)

는 "돌아온다"는 의미를 지닌다. 즉 죄의 길을 가던 사람이 죄의 삶을 청산하고 하나님께로 돌아오는 것이 바로 구약성경이 가르치는 회개이다.

악인은 그의 길을, 불의한 자는 그의 생각을 버리고
여호와께로 돌아오라
그리하면 그가 긍휼히 여기시리라
우리 하나님께로 돌아오라
그가 너그럽게 용서하시리라
(이사야 55장 7절)

그런데 이스라엘 족속아
마치 아내가 그의 남편을 속이고 떠나감같이
너희가 확실히 나를 속였느니라...
배역한 자식들아 돌아오라
내가 너희의 배역함을 고치리라 하시니라
(예레미야 3장 20, 22절)

그가 이르시기를 너희는 각자의 악한 길과 악행을 버리고
돌아오라
그리하면...살리라
(예레미야 25장 5절)

주 여호와의 말씀이니라 이스라엘 족속아
내가 너희 각 사람이 행한 대로 심판할지라
너희는 돌이켜 회개하고 모든 죄에서 떠날지어다
(에스겔 18장 30절 상반절)

이스라엘아 네 하나님 여호와께로 돌아오라
(호세아 14장 1절 상반절)

여호와의 말씀에 너희는 이제라도 금식하고 울며 애통하고
마음을 다하여 내게로 돌아오라 하셨나니
(요엘 2장 12절)

...만군의 여호와께서 이같이 말씀하시기를
너희가 악한 길, 악한 행위를 떠나서 돌아오라...
(스가랴 1장 4절)

신약성경에서도 회개로 번역된 헬라어 메타노에오(μετανοέω)는 "마음을 바꾼다"는 의미로, 죄를 따르던 마음을 바꾸어 하나님께로 돌아오는 행위를 가리킨다.

회개하라 천국이 가까이 왔느니라 하였으니
(마태복음 3장 2절)

제자들이 나가서 회개하라 전파하고
(마가복음 6장 12절)

이제는 어디든지 사람에게 다 명하사 회개하라 하셨으니
(사도행전 17장 30절 하반절)

그러므로 회개하라
그리하지 아니하면 내가 네게 속히 가서
내 입의 검으로 그들과 싸우리라
(요한계시록 2장 16절)

이처럼 성경이 가르치는 회개는 죄의 삶에서 떠나 하나님께로 돌아오는 것이다.

그러므로 하나님께 돌아왔다고 하면서도 여전히 교만, 거짓, 탐욕에 물든 죄의 삶을 떠나지 않았으면 그것은 진정한 회개가 아니며, 또한 죄의 삶을 청산하였어도 하나님께로 돌아오지 않았으면 이것 역시 성경이 말하는 참된 회개가 아니다.

회개에서 시작되는 "천국 복음"

과거 이스라엘 백성은 죄의 길, 곧 왕이신 하나님의 통치를 거부하고 스스로 왕이 되어 사는 길을 고집스럽게 걸었다. 사사 시대에도 그랬고 왕정 시대에도 그랬다.

> 그 때에 이스라엘에 왕이 없으므로
> 사람이 각기 자기의 소견에 옳은 대로 행하였더라
> (사사기 21장 25절)

> 여호와께서 사무엘에게 이르시되
> 백성이 네게 한 말을 다 들으라
> 이는 그들이 너를 버림이 아니요
> 나를 버려 자기들의 왕이 되지 못하게 함이니라
> (사무엘상 8장 7절)

그들뿐이 아니다. 첫 조상 아담의 타락 이후 역사 내내 모든 인류는 과거 이스라엘 백성처럼 왕이신 하나님을 거부하고 스스로 왕이 되어 "자기의 소견에 옳은 대로" 살아왔고, 오늘날 현대인들도 동일하게 그 길을 걷고 있다.

그러나 왕이신 하나님의 통치를 거부하고 스스로 왕이 되어 자기 욕망대로 사는 삶은 언제나 비참한 결과를 초래한다. 사사 시대에도 이스라엘 민족은 만성화 되어가는 우상 숭배(삿 17-18장)와 동성애에서 시작되어 강간, 살인, 내전, 베냐민 지파의 멸족으로 이어지는 참혹한 결말을 맞이했다(삿19-21장). 이처럼 스스로 왕이 되어 살아가는 개인과 민족은 언제나 죄의 수도꼭지에서 쏟아져나오는 온갖 악과 고통 속에 비참하게 살다가 결국 참혹한 파멸을 맞이하게 된다.

하나님께서는 스스로 왕이 되어 파멸의 길을 걷는 그의 백성에게 선지자 이사야를 보내어 "좋은 소식"(good news) 곧 복음 (gospel, εὐαγγέλιον)을 선포하셨는데, 그것은 바로 이전에 해오셨던 사사나 왕들을 통한 간접 통치가 아니라 이제는 하나님 자신이 직접 통치하시겠다는 선언이었다.

<blockquote>
좋은 소식을 전하며 평화를 공포하며
복된 좋은 소식을 가져오며 구원을 공포하며
시온을 향하여 이르기를
네 하나님이 통치하신다(Your God reigns!)
하는 자의 산을 넘는 발이 어찌 그리 아름다운가
(이사야 52장 7절)
</blockquote>

우리가 "복음"을 자주 거론하지만, 이사야서를 통해 보면, 하

나님을 떠나 악과 고통 속에 파멸의 길을 걷는 사람들에게, 평화와 구원을 공포하는 "좋은 소식", 곧 왕이신 하나님께서 이 세상에 오셔서 직접 통치하신다는 소식, 이것이 바로 성경이 말하는 복음이다.

이 약속을 성취하기 위해 하나님께서는 동정녀 마리아를 통해 그의 아들을 이 땅에 보내시고(사7:14, 마1:22-23), 그를 그의 백성을 직접 통치할 왕으로 삼으셨다.

이는 한 아기가 우리에게 났고
한 아들을 우리에게 주신 바 되었는데
그의 어깨에는 정사를 메었고
그의 이름은 기묘자라, 모사라, 전능하신 하나님이라,
영존하시는 아버지라, 평강의 왕이라 할 것임이라
(이사야 9장 6절)

헤롯 왕 때에 예수께서 유대 베들레헴에서 나시매
동방으로부터 박사들이 예루살렘에 이르러 말하되
유대인의 왕으로 나신 이가 어디 계시냐
우리가 동방에서 그의 별을 보고
그에게 경배하러 왔노라 하니
(마태복음 2장 1-2절)

예수께서 대답하시되

내 나라(왕국, kingdom)는

이 세상에 속한 것이 아니니라

만일 내 나라가 이 세상에 속한 것이었더라면

내 종들이 싸워

나로 유대인들에게 넘겨지지 않게 하였으리라

이제 내 나라는 여기에 속한 것이 아니니라

빌라도가 이르되 그러면 네가 왕이 아니냐

예수께서 대답하시되 네 말과 같이

내가 왕이니라

내가 이를 위하여 태어났으며

이를 위하여 세상에 왔나니...

(요한복음 18장 36-37절)

예수 그리스도의 나라, 이 세상에 속하지 않고 하나님께 속한 나라, 곧 하나님께서 왕이 되어 직접 다스리시는 이 나라를 성경은 "천국" 혹은 "하나님의 나라"로 부른다. 그리고 이 나라가 세상에 임하여 왔다는 "좋은 소식"을 전파하는 복음을 "천국 복음"이라고 부른다.

이 세상에 속하지 않은 그의 나라 천국을 직접 다스리기 위해 왕으로 오신 예수님께서 공생애 중에 두루 다시시며 선포하신 복음이 바로 이 "천국 복음"이었다.

예수께서 온 갈릴리에 두루 다니사
그들의 회당에서 가르치시며
천국 복음을 전파하시며
백성 중의 모든 병과 모든 악한 것을 고치시니
(마태복음 4장 23절)

그리고 예수님께서는 이 "천국 복음"이 온 세상 모든 민족에게 끝 날까지 전파되기를 원하셨다.

이 천국 복음이
모든 민족에게 증언되기 위하여 온 세상에 전파되리니
그제야 끝이 오리라
(마태복음 24장 14절)

공생애를 시작하시는 그 순간부터 예수님께서는 "천국 복음"을 전파하셨는데, 그가 선포한 "천국 복음"은 바로 "회개하라"는 명령에서 시작된다.

이 때부터
예수께서 비로소 전파하여 이르시되

회개하라

천국이 가까이 왔느니라 하시더라

(마태복음 4장 17절)

이처럼 왕으로 오신 예수님께서 "천국 복음"을 전파하시면서 가장 먼저 선포하신 말씀은 "회개하라"는 명령이었다. "영광의 왕"(시24:10)이시며, "영원한 왕"(렘10:10), "만왕의 왕"(계17:14)이신 예수 그리스도께서 직접 통치하시는 천국에 들어가 그의 백성으로 살기를 원하는가? 그렇다면 스스로 왕이 되어 살던 죄를 회개하라. 천국에 들어가는 다른 길은 없다.

회개를 가르치는 비유들

누가복음 15장 11-32절에 있는 비유를 우리는 "탕자의 비유"라고 부른다. 어떤 설교자들은 이 비유를 탕자인 우리를 용서하시는 "하나님의 사랑에 관한 비유"로 설명하기도 한다. 그러나 누가복음 15장 전체의 문맥을 보면, 우리는 이 비유를 "회개에 관한 비유"로 부를 수 있다. 왜냐하면 예수님께서 이 비유를 말씀하신 직접적인 이유가 회개에 있기 때문이다.

문맥을 보면, "세리와 죄인들"이 예수님께 나오자, 예수님은 이들을 기쁘게 영접하여 말씀을 가르치시고 함께 음식을 먹으셨다. 그러자 이런 광경을 본 "바리새인과 서기관들"은 심히 못마땅하게 여기며 예수님을 비난했다.

> 모든 세리와 죄인들이 말씀을 들으러 가까이 나아오니
> 바리새인과 서기관들이 수군거려 이르되
> 이 사람이 죄인을 영접하고 음식을 같이 먹는다 하더라
> (누가복음 15장 1-2절)

이런 상황에서 예수님께서는 의인으로 자처하며 회개하기를 거부하는 바리새인과 서기관들을 깨우치기 위해 세 가지 비유를 이어서 말씀하셨는데, 그것이 바로 "잃은 양의 비유"(눅15:3-7), "잃은 드라크마의 비유"(눅15:8-10), 그리고 "탕자의 비유"(눅15:11-32)였다.

"잃은 양의 비유"와 "잃은 드라크마의 비유"는 둘 다 죄인이 하나님께 돌아오는 "회개에 관한 비유"였다. 왜냐하면 이 두 비유의 결론을 아래와 같이 말씀하셨기 때문이다.

> 내가 너희에게 이르노니
> 이와 같이 **죄인 한 사람**이 **회개**하면
> 하늘에서는 회개할 것 없는 **의인 아흔아홉**으로 말미암아

기뻐하는 것보다 더하리라

(누가복음 15장 7절)

내가 너희에게 이르노니

이와 같이 **죄인 한 사람**이 **회개**하면

하나님의 사자들 앞에 기쁨이 되느니라

(누가복음 15장 10절)

이 비유들을 통해, 예수님께서는 회개하기를 거부하는 바리새인과 서기관들에게, 너희 자칭 "의인 아흔아홉"보다 죄를 회개하며 나에게 나온 "죄인 한 사람"을 하나님께서는 더 기뻐하신다고 말씀하신 것이다.

이어서 말씀하신 탕자의 비유에서도 예수님은 회개가 무엇인지에 관한 소중한 교훈을 우리에게 가르쳐주고 계시다.

탕자의 비유에서 배우는 회개의 네 단계

탕자의 비유에서도 우리는 회개에 앞서 죄가 무엇인지에 관한 교훈을 먼저 배울 수 있다. 둘째 아들이 자기 욕망대로 살려고 아버지를 버리고 "먼 나라"로 떠난 것처럼, 우리가 우리 욕망대로 살려고 하나님을 버리고 멀리 떠나는 것, 그것이 바로 성경이 말하는 죄이다.

그후 며칠이 안 되어
둘째 아들이 재물을 다 모아 가지고
먼 나라에 가
거기서 허랑방탕하여 그 재산을 낭비하더니
(누가복음 15장 13절)

탕자가 아버지를 버리고 떠나는 죄를 범했을 때, 죄의 수도꼭지는 그에게도 파산, 흉년, 궁핍, 굶주림, 인생의 허무, 외로움, 절망, 죽음에 대한 두려움(17절) 등 온갖 고통을 쏟아내었다.

다 없앤 후 그 나라에 크게 흉년이 들어
그가 비로소 궁핍한지라
가서 그 나라 백성 중 한 사람에게 붙여 사니
그가 그를 들로 보내어 돼지를 치게 하였는데
그가 돼지 먹는 쥐엄 열매로 배를 채우고자 하되
주는 자가 없는지라
(누가복음 15장 14-16절)

그 후 탕자가 아버지에게로 돌아오는 과정을 통해 우리는 성경이 말하는 회개가 무엇인지를 배우게 되는데, 그 과정을 보면 그의 회개가 네 단계로 진행되었음을 볼 수 있다. 탕자의 비유를 통해 회개의 네 단계를 살펴보면 다음과 같다.

탕자의 회개의 첫 단계는 자신이 아버지께 죄를 지은 죄인임을 깨닫는 것이었다.

이에 스스로 돌이켜 이르되
내 아버지에게는 양식이 풍족한 품꾼이 얼마나 많은가
나는 여기서 주려 죽는구나
내가 일어나 아버지께 가서
이르기를 아버지 내가 하늘과 아버지께 죄를 지었사오니
(누가복음 15장 17-18절)

그러므로 성경적으로 진정한 회개를 하려면, 탕자가 그랬던 것처럼, 나도 내가 하나님께 죄를 지은 죄인임을 깨닫는 것에서 나의 회개가 시작되어야 한다. 깨닫지 못하면 하나님께 돌아올 수 없기 때문에, 나 자신이 죄인이라는 사실을 깨닫는 것이 회개의 문을 여는 첫걸음이라 할 수 있다.

회개의 둘째 단계는 죄의 삶에서 일어나 아버지께로 돌아가는 것이었다.

이에 일어나 아버지께로 돌아가니라

(누가복음 15장 20절 상반절)

자신이 하나님께 죄를 범한 죄인임을 확실히 깨달았어도, 탕자가 그랬던 것처럼 일어나 하나님께로 돌아오지 않으면, 그것은 단지 뉘우침이지 회개가 아니다. 앞서 본 것처럼, 성경이 말하는 회개의 핵심은 돌아오는 것에 있기 때문이다.

회개의 셋째 단계는 자신의 죄를 아버지께 고백하는 것이었다.

아들이 이르되
아버지 내가 하늘과 아버지께 죄를 지었사오니

(누가복음 15장 21절 상반절)

내 죄를 깨닫고 하나님께 돌아와서 우선적으로 해야 할 일은, 탕자가 아버지께 한 것처럼, 내가 지은 죄, 곧 내가 하나님을 버리고 떠나 스스로 왕이 되어 내 욕망대로 살았던 죄를 하나님 앞에서 자복하는 일이다. 그러면 하나님께서는 우리 모든 죄를 용서해 주신다(시32:5, 요일1:9).

회개의 마지막 단계는 죄를 용서해 주시고 아들의 자격을 회복시켜 주신 아버지를 모시고 함께 사는 것이었다.

이 내 아들은 죽었다가 다시 살아났으며
내가 **잃었다가 다시 얻었노라**...
(누가복음 15장 24절)

죄를 용서받고 아들의 지위가 회복된 탕자가 아버지를 모시고 산 것처럼, 우리도 내 죄를 용서하시고 나를 자녀로 삼아주신 하나님을 아버지로 모시고 함께 사는 것이 회개의 마지막 단계이다.

나는 회개를 했는가?

여러분은 어떠한가? 성경이 말하는 대로, 첫째 내가 죄인임을 깨닫고, 둘째 죄의 삶을 떠나 하나님께 돌아오고, 셋째 죄를 자백하고, 넷째 하나님을 아버지로 모시고 함께 살고 있는가?

회개의 이 네 단계는 서로 연결된 하나의 과정이다. 앞 단계가 다음 단계를 이끌어가기 때문에, 이 과정 중에 한 단계라도 빠지면, 성경적인 회개는 완성되지 못한다.

회개의 첫 단계로 내가 죄인임을 깨닫지 못했다면, 어떻게 죄의 삶을 떠나 하나님께 돌아오는 둘째 단계가 이루어질 수 있겠는가? 그리고 죄인임을 깨달았더라도, 하나님께 돌아오지 않았다면, 어떻게 내가 하나님께 죄를 자백할 수 있겠는가? 돌아오지도 않았고 죄를 자백하지도 않았다면, 어떻게 하나님을 모시고 살 수 있는가?

그러므로 네 단계 중 하나라도 나에게 없다면, 아무리 구원을 받았다는 확신이 있더라도, 내가 정말 성경이 말하는 참된 회개를 한 사람인지, 그래서 하나님께로부터 죄 사함과 구원을 받은 사람인지를 성경으로 돌아가 살펴보아야 한다.

내가 성경이 말하는 참된 회개를 하지 않아서 아직 죄 사함과 구원을 받지 못한 사람인데, 오늘날 교회에 만연된 사기극에 속아서 구원을 받았다고 착각하며 산다면, 그 결과는 너무 참혹하다. 암 환자인데 가짜 의사에게 속아 살다가 조기 사망하는 것이 차라리 낫지, 하나님의 심판대에서 통곡하며 지옥 불 못에 던져지는 것을 어떻게 감당하겠는가?

그러므로 여러분은 여러분 자신이 성경적으로 참된 회개를 하여서, 지금 여러분이 예수님을 믿는 믿음 안에 있고, 그래서 예수 그리스도께서 여러분 안에 계신지를 성경적으로 "확증"해 보아야 한다.

너희는 믿음 안에 있는가 너희 자신을 **시험하고**

너희 자신을 **확증하라**

예수 그리스도께서 너희 안에 계신 줄을

너희가 스스로 알지 못하느냐

그렇지 않으면 너희가 버림받은 자니라

(고린도후서 13장 5절)

다음 장에서는 여러분이 여러분의 구원을 시험하고 확증할 수 있도록, 회개의 네 단계를 하나 하나 살펴보며, 그 단계들의 실제적 의미를 알아보려고 한다.

SALVATION WITHOUT REPENTANCE

4장

회개의 네 단계

4장
회개의 네 단계

회개의 첫 단계: 내가 죄인임을 깨달아야 한다

앞 장에서 탕자의 비유를 통해 보았듯이, 회개를 구분하면 네 단계로 진행된다. 그리고 회개의 첫 단계는 탕자가 그랬듯이(눅 15:17-18) 내가 하나님께 죄를 지은 죄인임을 깨닫는 것이다.

여러분은 회개의 첫 단계를 통과했는가? 통과해 본 분들은 알겠지만, 회개의 첫 단계에 들어서는 것이 생각보다 쉽지 않다. 왜냐하면 우리는 모두 죄의 지배 아래 살고 있기 때문에(롬3:9) 누구나 죄의 영향으로 어리석거나 교만해져 있어서, 실패, 좌절, 고난 등을 통해 내 자아가 철저히 부서지지 않으면, 우리는 대부분 내가 죄인임을 깨닫지 못한다.

탕자의 경우도 그랬다. 아버지를 떠나 죄 가운데 살다가, 죄의 수도꼭지에서 쏟아져나온 온갖 고통을 겪으면서, 당시 가장 멸시를 받는 직업이었던 돼지 치는 자가 되고 배가 고파서 돼지 먹이로 배를 채우려 해도 주는 이가 없어 굶어 죽어가는 절망을 느꼈을 때, 비로소 그는 자신이 아버지께 죄를 지은 죄인임을 깨닫게 되었다.

우리도 그렇다. 창조주 하나님을 떠나 죄의 세상에서 살더라도, 평상시에는 나 자신이 죄인임을 깨닫는 경우가 거의 없다. 죄가 쏟아내는 온갖 고통이 실제가 되어, 실패와 좌절, 질병, 고독, 죽음의 공포 등을 겪어야, 비로소 거기서 나 자신에 대하여 절망하게 되고, 그 절망 속에서 내가 하나님께 죄를 지은 죄인임을 깨닫게 되는 경우가 대부분이다.

복음의 관점에서 보면, 나 자신에게 소망이 남아있는 한, 우리는 십자가의 의미를 깨닫지 못한다. 죄가 가져온 온갖 실패와 고난에 깊이 빠질 때, 비로소 우리는 내가 이대로 죽으면 지옥에 갈 수밖에 없는 죄인이라는 사실을 뼈저리게 느끼게 되고, 나 자신의 힘으로는 죄와 사망의 사슬에서 결코 벗어날 수 없다는 사실에 깊이 절망하게 될 때, 비로소 우리는 하나님의 아들이 왜 이 세상에 오셔야 했는지, 그리고 죄 없으신 그분이 왜 그토록 참혹한 고통과 죽음을 당하셔야 했는지를 비로소 절실히 깨닫게 된다.

여러분은 자신이 하나님을 버리고 떠난 죄인임을 깨달은 적이 있는가? 그리고 내가 내 죄의 문제를 나의 힘으로는 해결할 수 없다는 사실을 깨닫고 절망한 적이 있는가? 그 절망 속에서, 내 죄를 대신 지고 십자가에 죽으신 예수님을 바라보며, "나 같은 죄인 살리신 주 은혜 놀라워 잃었던 생명 찾았고 광명을 얻었네"(305장 1절) 같은, 죄 사함과 구속의 은총에 감사하는 찬송을 감격하여 부른 적이 있는가? 그렇다면 여러분은 회개의 첫 단계를 통과한 사람이다.

그러나 내가 죄인이라는 사실을 깨달은 적도 없고, 또한 이 죄와 사망의 사슬에서 나를 해방시킬 능력이 나 자신에게는 없다는 사실에 절망한 적도 없다면, 여러분은 아직 회개의 첫 단계를 통과하지 못한 사람이라고 할 수 있다.

절망을 느끼지 못했다면, 여러분이 아는 십자가의 의미는 매우 피상적이다. 죄인인 나를 향한 절망의 깊이와 그리스도의 십자가에 대한 깨달음의 깊이는 항상 정비례하기 때문이다. 죄에 대한 나의 절망이 깊으면 깊을수록 십자가에 대한 나의 깨달음은 더욱 깊어지고 강렬해진다.

탕자가 그랬듯이, 고난의 폭풍우 속에서 내가 하나님께 범죄한 죄인임을 깨닫고 절망하며 헤맬 때, 그 어둠을 뚫고 비쳐오는 한 줄기의 빛이 바로 십자가의 복음이다. 그때에야 비로소 우리는 예수님이 왜 이 세상에 오셔야 했는지를 깨닫게 되고, 이전과는 전혀 다른 마음으로 그의 십자가를 바라보게 되는 것이다.

그래서 하나님께서는 죄 가운데 살면서 돌아올 줄 모르는 그의 백성이 회개를 할 수 있도록 돕기 위해 고난을 허락하시는 경우가 많다(레26:14-45, 신4:25-31, 시107:10-32, 사1:2-20, 렘29:1-14).

사람이 흑암과 사망의 그늘에 앉으며
곤고와 쇠사슬에 매임은
하나님의 말씀을 거역하며 지존자의 뜻을 멸시함이라
그러므로 그가 고통을 주어
그들의 마음을 겸손하게 하셨으니
그들이 엎드러져도 돕는 자가 없었도다
이에 그들이 그 환난 중에 여호와께 부르짖으매
그들의 고통에서 구원하시되
흑암과 사망의 그늘에서 인도하여 내시고
그들의 얽어 맨 줄을 끊으셨도다
(시편 107편 10-14절)

회개의 첫 단계로 나는 내가 하나님께 죄인임을 깨달은 사람인가?

회개의 둘째 단계: 죄의 삶을 떠나서 하나님께 돌아와야 한다

회개의 첫 단계로 내가 하나님께 죄인임을 깨달았다면, 이제 둘째 단계로 죄의 삶을 청산하고 하나님께로 돌아오라. 내가 죄인임을 깨달았어도 하나님께 돌아오지 않았으면, 나는 아직 회개를 한 사람이 아니다. 성경이 말하는 회개는 하나님께로 돌아오는 것이기 때문이다.

가룟 유다의 경우를 보자. 그는 예수님께서 정죄당하시는 모습을 보며 자기가 죄를 지었음을 깨달았다. 그리고 그는 자신이 죄인임을 공개적으로 시인했다. 또한 예수님을 팔고 받은 은전 삼십을 돌려주었다. 그런 후 자기 죄값을 치르기 위해 스스로 목매어 죽었다.

그때에 예수를 판 유다가 그의 정죄됨을 보고
스스로 뉘우쳐
그 은 삼십을 대제사장들과 장로들에게 도로 갖다 주며
이르되 내가 무죄한 피를 팔고 죄를 범하였도다...

유다가 은을 성소에 던져 넣고 물러가서
스스로 목매어 죽은지라
(마태복음 27장 3-5절)

이만하면 회개를 한 것 아닌가? 세상 사람들은 유다가 그의 죄를 충분히 회개했다고 판단할 것이다. 그러나 가룟 유다는 회개의 첫 단계를 강하게 했을 뿐, 죄의 삶을 떠나 하나님께로 돌아오는 둘째 단계를 밟지 않았기 때문에, 성경적으로 보면 그는 회개를 한 것이 아니다.

그러나 같은 시기에 죄를 지은 베드로는 가룟 유다와 다른 길을 걷는다. 예수님께서 체포되어 대제사장 앞에 심문을 받으실 때, 베드로는 예수님을 모른다고 세 번 거짓말하며 배신하는 죄를 짓는다.

닭이 우는 소리에 베드로는 자신이 예수님께 죄를 지은 죄인임을 깨닫고 심히 통곡한다.

이에 베드로가 예수의 말씀에
닭 울기 전에 네가 세 번 나를 부인하리라 하심이 생각나서
밖에 나가서 심히 통곡하니라
(마태복음 26장 75절)

고통의 시간에 가룟 유다처럼 그도 회개의 첫 단계로 자신의 죄를 깨닫고 통곡하며 절망했다. 그러나 베드로는 유다처럼 회개의 첫 단계에서 멈추지 않았다. 그는 다시 돌아와 부활하신 예수님을 만남으로 진정한 회개의 길을 걸었다.

둘 다 죄를 지었는데, 베드로가 걸어간 길과 가룟 유다가 걸어간 길은 하늘과 땅 차이다. 무엇이 그런 차이를 가져왔는가? 오직 하나, 유다는 돌아오지 않았고, 베드로는 돌아왔다는 것이다.

오늘날 목사들은 죄에 관한 설교를 거의 하지 않는다. 죄의 심각성에 대한 목사들의 인식이 희박하기 때문이기도 하지만, 또한 죄를 적당히 즐기며 사는 교인들이 죄에 관한 설교를 듣기 싫어하기 때문이기도 하다. 그래서 죄를 지적하며 회개하라는 설교를 듣기 힘든 세상이 되었다. 그리고 죄의 삶을 떠나 하나님께 돌아와야 참된 회개라는 설교는 더욱 듣기 힘들다.

그럼에도 불구하고 목사들은 구약 시대에 활동했던 선지자들처럼 하나님 앞에서 세상과 교인들의 죄를 책망하고, 죄의 삶을 떠나 하나님께 돌아오라고 끊임없이 외치고 또 외쳐야 한다. 그래야 죄 사함을 받고 구원에 이르기 때문이다.

예수님을 믿고 구원받는 것은, 집에 비유하면, 옛집을 부수고 그리스도의 터 위에 새집을 짓는 것과 같다.

> 그런즉 누구든지 그리스도 안에 있으면
> 새로운 피조물이라
> 이전 것은 지나갔으니
> 보라 새것이 되었도다
> (고린도후서 5장 17절)

죄 가운데 살던 "이전 것"을 지나가게 하고 그리스도 안에서 "새것"이 되는 과정, 곧 옛집을 부수고 새집을 짓는 과정이 바로 회개다.

그러나 오늘날 교회를 보면, 옛집을 부수고 새집을 짓기는커녕, 현관문만 겨우 교체하든지 심지어 문패 하나만 달랑 바꾸고, 그리스도인이 된 것처럼 착각하는 교인들이 수없이 많다.

다시 말하면, 회개하지 않은 사람들에게 면죄부를 주고 구원을 보장하는 목사들의 사기극에 속아, 삶은 여전히 옛날 그대로 살면서, 그리스도인으로 이름만 바꾸고, 자신이 천국에 들어갈 하나님의 백성인 것처럼 착각하며 사는 교인들이 너무도 많다.

"회개 없는 구원"을 선포하는 이 사기극은 재앙일 뿐 아니라 저주이기도 하다. 이것이 저주인 이유는 이 사기극에 빠진 사람들은 가짜 백신을 맞은 것 같아서 거짓 확신에 사로잡히기 때문이다. 이런 거짓 확신에 빠진 교인들은 회개하라는 설교에 귀를 막는다. 2천 년 전에 바리새인들에게 속은 교인들처럼, 오늘날도 수많은 교인들이 가짜 백신에 속아서 천국 백성은커녕 오히려 "배나 더 지옥 자식"이 되어가고 있다(마23:13-15).

성경은 예수님을 믿기 전의 나를 "어둠"으로, 믿은 후의 나를 "빛"으로 말씀한다. 그런데 어둠과 빛은 완전히 다르다. 다를 정도가 아니라 완전히 대척점에 있다. 그러므로 믿기 전의 내 삶과 믿은 후의 내 삶은, 어둠과 빛이 다르듯이, 완전히 달라야 한다.

> 너희가 전에는 어둠이더니
> 이제는 주 안에서 빛이라
> (에베소서 5장 8절 상반절)

그런데 오늘날 교인들을 보면, 믿기 전의 삶과 믿은 후의 삶에 의미 있는 차이를 발견할 수 없다. 세상 사람들이 나와 함께 20년을 옆집에 살고 직장 동료로 10년을 함께 보낸 후에도, 어둠에 속한 그들이 빛의 자녀인 나의 빛을 인지하지 못한다면, 나를 빛으로 거듭나지 못한, 아직 어둠에 속한 사람으로 보는 것이 합당하지 않은가?

문제는 어디에 있는가? 바로 회개에 있다. 오늘날 세상 사람들의 어둠과 그리스도인의 빛이 구분이 되지 않는 현상은, 내가 예수님을 믿고 구원을 얻는 과정, 곧 "전에는 어둠"이었던 내가 "이제는 주 안에서 빛"으로 거듭나는 과정에서 절대 빠질 수 없는 요소인, 어둠을 청산하고 빛으로 돌아오는 회개의 둘째 단계를 간과하기 때문에 일어나는 현상이다.

혹시라도 이 책을 읽고 있는 여러분이 이런 교인이라면, 베뢰아 사람들처럼 성경으로 돌아가서(행17:11), 이 책의 증언이 성경적으로 맞는지 성경 구절들을 하나 하나 찾아보며 하나님 앞에 기도하기를 바란다.

내가 회개의 첫 단계로 죄인이라는 사실을 깨달았어도, 어둠을 청산하고 빛으로 돌아오지 않았으면, 가룟 유다처럼 나는 성경이 말하는 참된 회개를 한 사람이 아직 아니다. 그렇다면 나는 죄 사함과 구원을 받은 자도 아니고, 교회에 출석하더라도 그냥 마당만 밟는 사람일 뿐이다. 내가 하나님께 예배를 많이 드리고 봉사를 많이 하면 할수록, 나는 하나님께 더 큰 괴로움을 드리는 가짜 신자일 뿐이다.

너희가 내 앞에 보이러 오니
이것을 누가 너희에게 요구하였느냐
내 마당만 밟을 뿐이니라
헛된 제물을 다시 가져오지 말라
분향은 내가 가증히 여기는 바요
월삭과 안식일과 대회로 모이는 것도 그러하니
성회와 아울러 악을 행하는 것을 **내가 견디지 못하겠노라**
(이사야 1장 12-13절)

앞서 살펴보았듯이, 회개의 첫 단계를 통과한 교인들 중에 많은 분들이 회개의 둘째 단계를 통과하지 못하는 주된 이유는 목사들로부터 죄의 삶을 청산하고 돌아와야 참된 회개라는 설교를 듣지 못하기 때문이다.

그런데 목회 현장에서 보면, 회개의 첫 단계를 통과한 교인들이 회개의 둘째 단계를 통과하지 못하는 또 다른 이유가 있다. 그것은 바로 죄를 깨닫고 하나님께 돌아오려고 해도, 죄의 삶을 청산하는 것이 쉽지 않기 때문이다.

불륜을 즐기는 삶을 예로 들어보자. 예수님께서는 음욕을 품고 여자를 눈으로 바라보기만 해도 간음죄를 지은 것이라고 말씀하셨다.

또 간음하지 말라 하였다는 것을 너희가 들었으나
나는 너희에게 이르노니
음욕을 품고 여자를 보는 자마다
마음에 간음하였느니라
(마태복음 5장 27-28절)

바로 이어서 예수님께서는 "만일 네 오른 눈이 너로" 그렇게 간음죄를 짓게 만든다면, 그런 삶을 청산하기 위해 그 눈을 빼어 버리는 것이 네 온몸이 지옥에 던져지는 것보다 유익하다고 말씀하셨다.

만일 네 오른 눈이 너로 실족하게 하거든
빼어 내버리라
네 백체 중 하나가 없어지고
온몸이 지옥에 던져지지 않는 것이 유익하며
(마태복음 5장 29절)

많은 교인들이, 회개의 첫 단계로 자신이 죄인임을 깨달았어도, 회개의 둘째 단계를 통과하지 못하는 이유는 죄의 삶을 청산하고 하나님께 돌아오는 것이 자신의 눈을 하나 빼내는 것처럼 그렇게 단호한 결단과 고통을 수반하기 때문이다.

이처럼 죄와 욕망은 죄인들을 쉽게 놓아주지 않는다. 그래서 회개의 첫 단계로 자신이 죄인임을 깨닫는 교인들은 많아도, 죄의 삶을 떠나 하나님께 돌아옴으로 회개의 두 번째 단계를 통과하는 교인들은 소수에 불과하다.

그래서 예수님께서는 "생명으로 인도하는 문"은 좁고 길이 협착하여 그 문을 찾는 자가 적다고 말씀하셨다.

좁은 문으로 들어가라
멸망으로 인도하는 문은 크고 그 길이 넓어
그리로 들어가는 자가 많고
생명으로 인도하는 문은 좁고 길이 협착하여
찾는 자가 적음이라
(마태복음 7장 13-14절)

오늘날도 교회에 출석하는 많은 교인들이 찾기 쉬운 큰 문, 곧 "멸망으로 인도하는 문"으로 몰려가 걷기 편한 넓은 길을 걷는다. 죄의 습관을 끊어내고 하나님께 돌아오는 회개의 아픔을 외면한 채, 여전히 예전에 즐기던 음욕 등 여러 가지 죄악을 적당히 즐기며 산다. 이런 사람들은, 회개의 첫 단계는 통과했더라도, 교회에 왔다 갔다 하는 교인일 뿐, 진정한 회개를 통해 하나님의 자녀로 거듭난 신자라고 볼 수 없다.

죄의 청산이 쉬웠다면, 하나님의 아들이 십자가를 지시며 그렇게 큰 고통과 참혹한 죽음을 당할 필요가 없었을 것이다.

내가 하나님 앞에 죄인임을 깨달았는가? 그렇다면 이제 죄의 삶을 청산하고 하나님께 돌아오라.

불륜, 탐욕, 위선, 교만, 방탕, 혈기 등 죄의 습관을 끊어내면서 그 아픔이 너무 크면, 내 죄를 대신 지고 내가 당할 지옥의 고통을 대신 당하신 예수 그리스도의 십자가를 바라보라.

만왕의 왕 내 주께서 왜 고초 당했나
이 벌레 같은 날 위해 그 보혈 흘렸네
십자가 십자가 내가 처음 볼 때에
나의 맘에 큰 고통 사라져
오늘 믿고서 내 눈 밝았네 참 내 기쁨 영원하도다
(찬송가 151장 1절)

회개의 셋째 단계: 하나님께 죄를 자백해야 한다

첫째 단계로 죄를 깨닫고, 둘째 단계로 죄의 삶을 청산하고 돌아왔다면, 탕자가 했던 것처럼(눅15:21) 이제 셋째 단계로 나의 죄를 하나님께 자백해야 참된 회개가 이루어진다.

구약 시대에 회개가 무엇인지를 정확하게 보여주는 실례가 있는데, 그것은 바로 이스라엘 백성이 하나님 앞에 드렸던 속죄제(Sin Offering)이다. 성경을 살펴보면, 속죄 제사는 회개가 무엇인지를 보여주는 정확한 회개의 의식이었다.

속죄 제사의 첫 단계도, 회개의 첫 단계처럼, 자신이 하나님께 죄를 범한 죄인임을 깨닫는 단계였다(레4:13-14, 22-23, 27-28, 5:3-4).

만일 평민의 한 사람이
여호와의 계명 중 하나라도 부지중에 범하여
허물이 있었는데
그가 범한 죄를 누가 그에게 깨우쳐 주면...
(레위기 4장 27-28절)

속죄제의 둘째 단계도, 회개의 둘째 단계처럼, 죄를 용서받기 위해 자기 죄를 대신 지고 죽을 속죄 제물을 끌고 하나님께로 돌아오는 단계였다(레4:4, 14-15, 23-24, 5:6-8).

...그는 흠 없는 암염소를 끌고 **와서**...
(레위기 4장 28절)

속죄제의 셋째 단계도, 회개의 셋째 단계와 마찬가지로, 자기가 지은 죄를 하나님께 자복하는 단계였다.

이 중 하나에 허물이 있을 때에는
아무 일에 잘못하였노라 **자복하고**
그 잘못으로 말미암아 여호와께 **속죄제를 드리되**...
(레위기 5장 5-6절)

죄를 지은 사람이 속죄제를 드릴 때, 하나님께서는 속죄 제물을 제사장이 아니라 죄를 지은 당사자가 직접 자기 손으로 찔러 죽이도록 명하셨다(레4:4, 15, 24, 29, 33).

...그는...그 제물을 번제물 잡는 곳에서 잡을 것이요
(레위기 4장 28-29절)

죄를 용서받기 위해 속죄 제물을 끌고 온 사람은 그 제물을 직접 칼로 찔러 죽일 뿐 아니라, 흘러내리는 피를 그릇에 받고, 제물의 몸을 쪼개어 내장에 붙은 모든 기름과 콩팥을 떼어내는, 이 모든 참혹하고 고통스러운 일을 자기 손으로 직접 해야 했다.

또 그 속죄제물이 된 수송아지의 모든 기름을 떼어낼지니
곧 내장에 덮인 기름과 내장에 붙은 모든 기름과
두 콩팥과 그 위의 기름 곧 허리쪽에 있는 것과
간에 덮인 꺼풀을 콩팥과 함께 떼어내되
화목제 제물의 소에게서 떼어냄같이 할 것이요...
(레위기 4장 8-10절)

제사장들은 죄인들이 받아 놓은 피를 가지고 들어가 성소 휘장 앞에 뿌리고, 죄인들이 떼어낸 기름과 콩팥을 번제단에 불사르고, 죄인들이 잘라낸 가죽과 고기와 머리와 내장 등 제물의 남은 모든 부분을 진영 바깥 재 버린 곳으로 가져가 불사르는 일만 하면 되었다.

기름부음을 받은 제사장은
그 수송아지의 피를 가지고 회막에 들어가서...
여호와 앞 곧 성소의 휘장 앞에 일곱 번 뿌릴 것이며...
...제사장은 그것을 번제단 위에서 불사를 것이며
그 수송아지의 가죽과 그 모든 고기와
그것의 머리와 정강이와 내장과 똥
곧 그 송아지의 전체를
진영 바깥 재 버리는 곳인 정결한 곳으로 가져다가
불로 나무 위에서 사르되 곧 재 버리는 곳에서 불사를지니라

어려서 시골에서 자랄 때에 어머니께서 암탉을 한 마리 키운 적이 있다. 세월이 흐르며 이 암탉이 늙어 알을 잘 낳지 못하자, 가족회의 끝에 잡아먹기로 했다는데, 가족 중에 아무도 살아 있는 닭의 목을 칼로 베어서 피를 흘려 죽이는 참혹한 일을 하지 못해서 결국 잡아먹지 못했던 기억이 난다.

제사장들이 하면 전문가의 익숙한 솜씨로 정확하고 빠르게 잘했을 텐데, 하나님께서는 죄를 지은 사람들로 하여금 각자 서투른 솜씨로 자기 속죄 제물을 찔러 죽이고 피를 받고 내장에 붙은 모든 기름과 두 콩팥을 떼어내는 참혹한 일을 왜 직접 하게 하셨을까? 그 이유는 자기 죄 때문에 자신이 당해야 할 참혹한 죽음을 대신 당하는 살아있는 속죄 제물을 자기 손으로 직접 찔러 죽이고 피를 받고 콩팥과 기름을 떼어내면서, 자신이 저지른 죄를 철저하게 자복하게 하기 위한 것이었다.

기독교 2천 년 역사를 보면, 많은 그리스도인들이 예수님을 십자가에 넘긴 유대인들을 증오하고(반유대주의, antisemitism), 예수님을 채찍질하고 못 박아 죽인 로마 군병들에게 분노를 표해 왔지만, 속죄 제사를 통해 주신 교훈을 적용하면, 그들은 죄인들의 대표로서 우리가 할 일을 대행했을 뿐, 예수 그리스도께서 우리의 속죄 제물이 되어 십자가의 길을 걸으실 때(요1:29) 그를 채찍질하고 못 박고 창으로 찌른 자들은 바로 우리 자신이었음을 알 수 있다.

그러므로 내가 하나님께 죄를 자복할 때, 우리는 언제든지 예수님을 채찍질하고 십자가에 못 박은 자는 바로 나 자신이었음을 인정하며, "상하고 통회하는 마음"으로 죄를 자백해야 한다.

그가 찔림은 우리의 허물 때문이요
그가 상함은 우리의 죄악 때문이라
그가 징계를 받으므로 우리는 평화를 누리고
그가 채찍에 맞으므로 우리는 나음을 받았도다
(이사야 53편 5절)

하나님께서 구하시는 제사는 상한 심령이라
하나님이여 상하고 통회하는 마음을
주께서 멸시하지 아니하시리이다
(시편 51편 17절)

예수님께서는 죄를 자복하는 것이 얼마나 중요한지를 이렇게 가르쳐주셨다.

또 자기를 의롭다고 믿고 다른 사람을 멸시하는 자들에게
이 비유로 말씀하시되
두 사람이 기도하러 성전에 올라가니
하나는 바리새인이요 하나는 세리라
바리새인은 서서 따로 기도하여 이르되
하나님이여 나는 다른 사람들
곧 토색, 불의, 간음을 하는 자들과 같지 아니하고
이 세리와도 같지 아니함을 감사하나이다
나는 이레에 두 번씩 금식하고
또 소득의 십일조를 드리나이다 하고
세리는 멀리 서서 감히 눈을 들어
하늘을 쳐다보지도 못하고
다만 가슴을 치며 이르되
하나님이여 불쌍히 여기소서
나는 죄인이로소이다 하였느니라
(누가복음 18장 9-13절)

바리새인과 세리, 두 사람이 다 성전에 나아갔고, 두 사람 다 하나님께 기도를 드렸다. 그런데 바리새인은 하나님의 "의롭다 하심"을 받지 못했고 오히려 세리가 받고 집으로 돌아갔다.

내가 너희에게 이르노니 이에 저 바리새인이 아니고
이 사람이 의롭다 하심을 받고 그의 집으로 내려갔느니라
(누가복음 18장 14절 상반절)

당시 사람들은 예수님의 말씀에 엄청난 충격을 받았을 것이다. 왜냐하면 그 시대에 의인으로 가장 존경받던 바리새인은 버림을 당하고 당시 죄인으로 가장 멸시받던 세리가 "의롭다 하심"을 받고 돌아갔기 때문이다.

그렇다면 무엇이 이런 결과를 가져왔는가? 답은 오직 하나, 자복에 있었다. 바리새인은 자신이 의롭다고 믿었기 때문에(눅 18:9) 하나님 앞에서 자기 자랑만 늘어놓을 뿐 자기 죄를 자복하지 않았고(눅18:11-12), 반면에 세리는 감히 눈을 들어 하늘을 쳐다보지도 못하고 가슴을 치며 자신이 하나님께 죄인임을 자복했기 때문이다(눅18:13).

하나님 앞에서 내가 죄인임을 자복하는 것이 이처럼 중요하다. 죄의 삶을 떠나 하나님께 돌아왔어도, 셋째 단계로 하나님께 나의 죄를 자복하지 않으면, 나도 바리새인처럼 하나님께로부터 "의롭다 하심" 곧 죄 사함을 받지 못한다.

내가 평소에 하나님께 나아가 기도할 때, 나의 기도는 두 사

람의 기도 중 누구의 기도에 더 닮아있는가? 나는 회개의 셋째 단계를 통과한 사람인가?

회개의 넷째 단계: 하나님을 모시고 살아야 한다

성경의 가르침을 따라, 내가 해야 할 회개의 마지막 단계는 하나님을 모시고 함께 사는 것이다.

죄가 하나님을 떠나 사는 것이므로, 회개의 마지막 단계는 당연히 하나님을 모시고 사는 것이어야 한다. 그래야 성경적인 회개가 온전히 이루어진다.

하나님 앞에 죄인임을 깨달았는가? 그래서 죄의 삶을 청산하고 하나님께 돌아왔는가? 그리고 하나님께 내 죄를 자복했는가? 그렇다면 여러분은 회개의 마지막 단계로 날마다 그리고 영원히 하나님을 아버지로 모시고 살아가라.

그러나 내가 목회하면서 관찰한 바에 의하면, 교인들의 대부분은 하나님을 모시고 사는 것이 무엇인지를 잘 모른다. 주된 이유는 신앙생활과 종교생활의 차이를 구별할 줄 모르기 때문이다.

하늘과 땅과 그 가운데 만물을 창조하신 하나님은 "원하시는 모든 일을 행"하시는 살아계신 하나님이시지만, 이와 대조적으로 인간에 의해 만들어진 종교의 신과 우상들은 "입이 있어도 말하지 못하며 눈이 있어도 보지 못"하는 죽은 신들이다.

오직 우리 하나님은 하늘에 계셔서
원하시는 모든 것을 행하셨나이다
(그러나) 그들의 우상들은 은과 금이요
사람이 손으로 만든 것이라
입이 있어도 말하지 못하며 눈이 있어도 보지 못하며
귀가 있어도 듣지 못하며 코가 있어도 냄새 맡지 못하며
손이 있어도 만지지 못하며 발이 있어도 걷지 못하며
목구멍이 있어도 작은 소리조차 내지 못하느니라
(시편 115편 3-7절)

여러 나라의 풍습은 헛된 것이니
삼림에서 벤 나무요 기술공의 두 손이 도끼로 만든 것이라
그들이 은과 금으로 그것에 꾸미고
못과 장도리로 그것을 든든히 하여 흔들리지 않게 하나니
그것이 둥근 기둥 같아서 말도 못하며
걸어 다니지도 못하므로 사람이 메어야 하느니라
그것이 그들에게 화를 주거나 복을 주지 못하나니

너희는 두려워하지 말라 하셨느니라

(예레미야 10장 3-5절)

그래서 종교인들이 하는 종교생활의 가장 두드러진 특징은 바로 일방성이다. 그들이 그들의 신에게 아무리 많은 기도를 드리고 예배를 드려도, 일방적으로 드리기만 할 뿐, 그들의 신들로부터 그들에게 돌아오는 것은 아무것도 없다. 왜냐하면 그들의 신은, 엘리야 시대에 바알 신처럼 죽은 신이므로, 그들의 기도와 예배에 응답할 능력이 없기 때문이다.

그들이 받은 송아지를 가져다가 잡고
아침부터 낮까지 바알의 이름을 불러 이르되
바알이여 우리에게 응답하소서 하나
아무 소리도 없고 아무 응답하는 자도 없으므로...
이같이 하여 정오가 지났고 그들이 미친 듯이 떠들어
저녁 소제 드릴 때까지 이르렀으나
아무 소리도 없고
응답하는 자나 돌아보는 자가 아무도 없더라
(열왕기상 18장 26-29절)

반면에 엘리야의 기도에 불로 응답하신 하나님, 곧 우리에게 그의 아들 예수 그리스도를 보내셔서 우리 죄를 용서하시고 우리를 자녀 삼으신 창조주 하나님은 오직 한 분 "살아계신 하나님"이시다.

여호와여 내게 응답하소서 내게 응답하소서
이 백성에게 주 여호와는 하나님이신 것과
주는 그들의 마음을 되돌이키심을 알게 하옵소서 하매
이에 여호와의 불이 내려서
번제물과 나무와 돌과 흙을 태우고
또 도랑의 물을 핥은지라
(열왕기상 18장 37-38절)

주의 종이 사자와 곰도 쳤은즉
살아계시는 하나님의 군대를 모욕한
이 할례받지 않은 블레셋 사람이리이까
그가 그 짐승의 하나와 같이 되리이다
또 다윗이 이르되
여호와께서
나를 사자의 발톱과 곰의 발톱에서 건져내셨은즉
나를 이 블레셋 사람의 손에서도 건져내시리이다
사울이 다윗에게 이르되
가라 여호와께서 너와 함께 계시기를 원하노라
(사무엘상 17장 36-37절)

열방 중에서 피난한 자들아

너희는 모여 오라 함께 가까이 나아오라

나무 우상을 가지고 다니며

구원하지 못하는 신에게 기도하는 자들은

무지한 자들이니라

너희는 알리며 진술하고 또 함께 의논하여 보라

이 일을 옛부터 듣게 한 자가 누구냐

이전부터 그것을 알게 한 자가 누구냐

나 여호와가 아니냐 나 외에 다른 신이 없나니

나는 공의를 행하며 구원을 베푸는 하나님이라

나 외에 다른 이가 없느니라

땅의 모든 끝이여 내게로 돌이켜 구원을 받으라

나는 하나님이라 다른 이가 없느니라

(이사야 45장 20-22절)

일을 행하시는 여호와, 그것을 만들며 성취하시는 여호와,

그의 이름을 여호와라 하는 이가 이와 같이 이르시도다

너는 내게 부르짖으라 내가 네게 응답하겠고

네가 알지 못하는 크고 은밀한 일을 네게 보이리라

(예레미야 33장 2-3절)

성경 66권은 창세기부터 요한계시록까지 "살아계신 하나님"
께서 친히 하신 말씀과 그분을 만난 사람들의 증언으로 가득
차 있다.

여호와께서 아브람에게 이르시되
너는 너의 고향과 친척과 아버지의 집을 떠나
내가 네게 보여줄 땅으로 가라
내가 너로 큰 민족을 이루고 네게 복을 주어
네 이름을 창대하게 하리니 너는 복이 될지라
(창세기 12장 1-2절)

이제 내가 너를 바로에게 보내어
너에게 내 백성 이스라엘 자손을
애굽에서 인도하여 내게 하리라
모세가 하나님께 아뢰되
내가 누구이기에 바로에게 가며
이스라엘 자손을 애굽에서 인도하여 내리이까
하나님이 이르시되 내가 반드시 너와 함께 있으리라
네가 그 백성을 애굽에서 인도하여 낸 후에
너희가 이 산에서 하나님을 섬기리니
이것이 내가 너를 보낸 증거니라
(출애굽기 3장 10-12절)

이스라엘의 왕인 여호와,
이스라엘의 구원자인 만군의 여호와가 이같이 말하노라
나는 처음이요 나는 마지막이라
나 외에 다른 신이 없느니라
내가 영원한 백성을 세운 이후로
나처럼 외치며 알리며 나에게 설명할 자가 누구냐
있거든 될 일과 장차 올 일을 그들에게 알릴지어다
너희는 두려워하지 말며 겁내지 말라
내가 예로부터 너희에게 듣게 하지 아니하였느냐
알리지 아니하였느냐 너희는 나의 증인이라
나 외에 신이 있겠느냐 과연 반석은 없나니
다른 신이 있음을 내가 알지 못하노라
(이사야 44장 6-8절)

이르되 여러분이여 어찌하여 이러한 일을 하느냐
우리도 여러분과 같은 성정을 가진 사람이라
여러분에게 복음을 전하는 것은 이런 헛된 일을 버리고
천지와 바다와 그 가운데 만물을 지으시고
살아계신 하나님께로 돌아오게 함이라
(사도행전 14장 15절)

태초부터 있는 생명의 말씀에 관하여는

우리가 들은 바요 눈으로 본 바요

자세히 보고 우리의 손으로 만진 바라

이 생명이 나타내신 바 된지라

이 영원한 생명을 우리가 보았고

증언하여 너희에게 전하노니

이는 아버지와 함께 계시다가

우리에게 나타내신 바 된 이시니라

우리가 보고 들은 바를 너희에게도 전함은

너희로 우리와 사귐이 있게 하려 함이니

우리의 사귐은

아버지와 그의 아들 예수 그리스도와 더불어 누림이라

(요한일서 1장 1-3절)

종교인들은 죽은 신을 섬기기 때문에 일방적인 종교생활을 할 수밖에 없지만, 회개를 통해 살아계신 하나님께 돌아온 우리는 반드시 그분과 사귀며 쌍방적인 신앙생활을 해야 한다.

그러나 오늘날 교인들을 보면, 교회에 와서 기도도 드리고 예배도 드리지만, 죽은 신을 섬기는 종교인들처럼 일방적인 종교생활을 하는 분들이 너무 많다. 이런 분들은 예배를 드리면서도 그 예배를 받으시는 하나님을 만날 기대가 없으며, 기도를 드리면서도 응답받을 생각을 하지 않는다.

그런데 이런 형식적인 종교생활을 하면서도, 너무 많은 교인들이 그것이 전부인 것으로 착각하며 일방적인 종교생활로 만족하며 살아간다.

이는 참으로 무서운 일이다. 일반 성도들뿐 아니라 목사들조차 종교생활이 전부인 줄 생각하며 목회를 하고 있으니 말이다. 마지막 날 하나님의 심판대 앞에 설 때 어떤 일이 벌어질지를 생각하면 소름이 돋는다.

오늘날 교회와 그리스도인들이 왜 이 지경에 이르게 되었는가? 여러 원인들이 있겠지만, 근본 원인은 회개 없이 죄 사함과 구원을 선포하는 사기극이 교회 안에 만연되어 있기 때문이다. 하나님께서 살아계시더라도, 회개를 통해 하나님께 돌아오지 않았는데, 어떻게 하나님을 모시고 사는 쌍방적 신앙생활을 시작할 수 있겠는가?

바울 사도는 우상을 섬기며 종교생활을 하던 아덴 사람들에게(행17:22), 이제는 더 이상 "하나님을 금이나 은이나 돌에다 사람의 기술과 고안으로 새긴" 죽은 우상으로 취급하지 말고(행 17:29), 회개하여 "만민에게 생명과 호흡과 만물을 친히 주시는"

살아계신 하나님(행17:25)께 돌아오라고 외쳤다(행17:30).

바울이 아레오바고 가운데 서서 말하되
아덴 사람들아 너희를 보니 범사에 **종교심**이 많도다
(사도행전 17장 22절)

우주와 그 가운데 있는 만물을 지으신 하나님께서는
천지의 주재시니 손으로 지은 전에 계시지 아니하시고
또 무엇이 부족한 것처럼
사람의 손으로 섬김을 받으시는 것이 아니니
이는 **만민에게 생명과 호흡과 만물을**
친히 주시는 이심이라
(사도행전 17장 24-25절)

이와 같이 하나님의 소생이 되었은즉
하나님을
금이나 은이나 돌에다
사람의 기술과 고안으로 새긴 것들과
같이 여길 것이 아니니라
알지 못하던 시대에는 하나님이 간과하셨거니와
이제는 어디든지 사람에게 다 명하사 **회개하라** 하셨으니
(사도행전 17장 29-30절)

오늘날도 하나님께서는 교회 안에서 종교생활을 하는 교인들에게 "회개하라"고 말씀하고 계시다.

예배를 드리면서도 살아계신 하나님의 임재를 누리지 못하고, 기도를 드려도 응답하시는 하나님을 어떤 모양으로든지 경험한 적이 없다면, 여러분은 자신이 정말 성경적으로 회개를 하고 돌아와 "살아계신 하나님"을 모시고 살고 있는지를 반드시 점검해 보아야 한다.

회개 후에 이루어지는 신앙생활

회개의 네 단계를 거쳐 참된 회개를 하면, 나는 죄 사함과 구원을 받고 하나님의 자녀로 거듭나서(요1:12, 3:5-8), 그 시간부터 신앙생활, 곧 하나님께서 말씀하실 때 내가 듣고(삼상3:1-14, 요10:27, 행27:22-26), 내가 기도를 드리면 하나님께서 듣고 응답하시는(사58:9, 마7:7-11, 요일5:14) 쌍방적 신앙생활이 시작된다.

이런 쌍방적 신앙생활을 주도하시는 분은 내가 아니라 내가 하나님의 자녀로 거듭날 때 내 안에 오셔서 내주하기(indwelling) 시작하신 성령님이시다.

그는 진리의 영이라...
너희는 그를 아나니 그는 너희와 함께 거하심이요
또 너희 속에 계시겠음이라
(요한복음 14장 17절)

그러나 진리의 성령이 오시면
그가 너희를 모든 진리 가운데로 인도하시리니
(요한복음 16장 13절 상반절)

너희는 너희가 하나님의 성전인 것과
하나님의 성령이 너희 안에 계시는 것을 알지 못하느냐
(고린도전서 3장 16절)

그러므로 구원의 확신이 있더라도 여러분 안에 성령님이 거하시지 않으면, 여러분은 아직 그리스도인이 아니다.

만일 너희 속에 하나님의 영이 거하시면
너희가 육신에 있지 않고 영에 있나니
누구든지 그리스도의 영이 없으면
그리스도의 사람이 아니니라
(로마서 8장 9절)

또한 성령이 여러분 안에 내주하고 계시지 않다면, 예수 그리스도의 재림 때, 여러분의 몸은 "생명의 부활"에 참여하지 못한다(요5:25-29). 왜냐하면 성부 하나님께서는 우리 안에 거하시는 성령 하나님을 통하여 우리의 죽을 몸을 부활에 참여시키시기 때문이다.

예수를 죽은 자 가운데서 살리신 이의 영이
너희 안에 거하시면
그리스도 예수를 죽은 자 가운데서 살리신 이가
너희 안에 거하시는 그의 영으로 말미암아
너희 죽을 몸도 살리시리라
(로마서 8장 11절)

내가 참으로 구원을 받았다면, 성령께서 내 안에 거하시면서, 나의 가는 길을 인도하시고, 나로 하여금 하나님을 "아빠 아버지"라고 부르게 하시고, 또한 내가 하나님의 자녀임을 시시때때로 증언해 주신다.

무릇 하나님의 영으로 인도함을 받는 사람은
곧 하나님의 아들이라
너희는 다시 무서워하는 종의 영을 받지 아니하고
양자의 영을 받았으므로

우리가 아빠 아버지라 부르짖느니라
성령이 친히 우리의 영과 더불어
우리가 하나님의 자녀인 것을 증언하시나니
(로마서 8장 14-16절)

　나는 지금 내 안에 계신 성령께서 이렇게 인도하시는 쌍방적인 신앙생활하고 있는가? 아니면 단지 드리기만 하고 돌아오는 것은 없는 일방적인 종교생활을 하고 있는가?

　여러분이 지금 하나님을 아버지로 모시고 성령님의 인도하심을 따라 쌍방적 신앙생활을 하고 있다면, 여러분은 참된 회개를 하여 죄 사함과 구원을 받아 하나님의 자녀로 거듭난 사람이다. 그러나 만일 여러분이 단지 일방적인 종교생활만 하고 있다면, 하나님 앞에 지금 무릎을 꿇고 기도하며 자신을 돌아보라.

우리가 하나님과 함께 일하는 자로서 너희를 권하노니
하나님의 은혜를 헛되이 받지 말라
이르시되 내가 은혜 베풀 때에 너에게 듣고
구원의 날에 너를 도왔다 하셨으니
보라 지금은 은혜 받을 만한 때요
보라 지금은 구원의 날이로다
(고린도후서 6장 1-2절)

종교생활이 전부라고 착각하지 말라. 종교생활은 신앙생활과 비교의 대상이 될 수 없다. 회개의 네 단계를 밟아, 하나님께 돌아와서 쌍방적인 신앙생활을 하며, 왕이신 예수 그리스도의 통치 아래 천국 백성으로 살면서 세상이 줄 수 없는 기쁨과 은혜와 평강과 소망을 맛보며 살라.

나를 자녀 삼으신 창조주 하나님은, 인간에 의해 만들어진 죽은 신이 아니라 인간을 그의 형상대로 창조하신, 말씀하시고 응답하시고 행동하시는 살아계신 하나님이시다.

하나님이 이르시되
그가 나를 사랑한즉 내가 그를 건지리라
그가 내 이름을 안즉 내가 그를 높이리라
그가 내게 간구하리니 내가 그에게 응답하리라
그들이 환난 당할 때에 내가 그와 함께하여
그를 건지고 영화롭게 하리라
(시편 91편 14-15절)

여러 해 전에 중국에 갔다가 광둥성 광저우에서 가짜 물건을 파는 세계 최대 짝퉁 시장을 방문한 적이 있다. 수천 개의 상점에서 산더미처럼 쌓아놓은 온갖 짝퉁 상품들을 팔고 있었는데, 수백만 원짜리 샤넬, 루이뷔통 핸드백의 모조품들도 10, 20만원에 밀거래되고 있었다. 진품은 찾아볼 수 없고 진짜 행세를 하는 가짜들이 넘쳐나는 곳이었다.

오늘날 교회의 모습이 그렇지 않을까? 오늘날 교회는 종교생활을 하는 짝퉁 그리스도인들로 가득 차 있어서, 참된 신앙생활을 하는 신자들이 오히려 비정상적으로 취급받는 그런 곳이되어버렸다.

여러분은 쌍방적 신앙생활을 하는 참 신자인가? 아니면 진짜인 줄 착각하며 사는 짝퉁 신자인가?

물론 하나님께서는 어떤 이유로든지 내 기도에 침묵하실 때도 있고, 내가 내 삶 속에서 한 동안 성령님의 인도하심을 느끼지 못할 때도 있다. 그렇지만 내가 예수님을 믿고 중생한 이후에, 어떤 모양으로든지 쌍방적인 신앙생활을 한 적이 없고, 처음부터 지금까지 계속 일방적인 종교생활만 하고 있다면, 여러분은 내가 정말 회개하여 죄 사함과 구원을 받은 사람인지를 하나님께 진실하게 여쭈어보아야만 한다. 왜냐하면 종교생활은 아무 의미 없이 인생을 허비하다가 죽어 지옥에 가는 비참한 삶에 불과하기 때문이다.

SALVATION WITHOUT REPENTANCE

5장

두 가지 회개

5장
두 가지 회개

회개에는 두 종류가 있다

　회개를 크게 나누면 두 종류로 구분할 수 있다. 첫째, 그리스도 밖에서 불신자로 살다가 복음을 듣고 믿어 구원을 받을 때 하는 "첫 회개"가 있고, 둘째, 구원받은 후에 하나님의 자녀로 하나님을 모시고 살면서 평생 "반복하는 회개"가 있다. 지금까지 이 책에서 다룬 내용은 모두 "첫 회개"에 관한 것이었다.

　"첫 회개"를 통해서는 우리가 구원을 받기 때문에 이것을 구원을 위한 회개라 할 수 있고, "반복하는 회개"를 통해서는 우리가 그리스도의 형상을 닮아가기 때문에 이를 성화를 위한 회개라 할 수 있다. 구원을 위한 "첫 회개"는 일생 한 번 하는 회개이고, 성화를 위한 회개는 평생 "반복하는 회개"이다.

이처럼 회개는 두 종류로 구분되지만, 이 두 회개는 속죄의 근거를 동일하게 모두 그리스도의 피, 곧 우리 죄를 대신 지고 십자가에서 자신의 몸을 드려 "단번에"(once for all) 영원한 속죄 제사를 드리신(히9:11-15, 10:10-14), 예수 그리스도의 피에 둔다 (엡1:7, 히9:22, 요일1:7, 계1:5).

"첫 회개"를 할 때, 우리는 그때까지 내가 지은 모든 자범죄 (actual sins)와 물려받은 원죄(original sin)를 예수 그리스도의 피로 용서받고 구원을 얻는다. 그리고 "반복하는 회개"를 할 때, 우리는 구원받은 이후에 때때로 범하는 자범죄를 그의 피를 통해 다시 용서받음으로써, 죄로 인하여 끊어질 수밖에 없던 하나님과의 관계를 계속 유지하게 되며, 이 과정을 통하여 우리는 그리스도를 더욱 닮아가는 성화의 길을 걷게 된다.

요한복음 13장을 보면, 공생애 마지막 유월절, 곧 아버지께로 돌아갈 날이 다가왔을 때, 예수님께서는 하인처럼 대야에 물을 떠가지고 오셔서 제자들의 발을 씻어주기 시작하셨다(1-5절). 이에 베드로가 송구한 마음으로 "내 발을 절대로 씻지 못하시리이다" 하며 거절하자, 예수님은 "내가 너를 씻어주지 아니하면 네가 나와 상관이 없느니라"(8절) 말씀하셨다. 그러자 베드로는 그렇다면 "주여 내 발뿐 아니라 손과 머리도 씻어 주옵소서" 하니까, 예수님은 "이미 목욕한 자는 발밖에 씻을 필요가 없느니라 온몸이 깨끗하니라"고 말씀하셨다(9-10절 상반절).

제자들의 발을 씻어주시면서 예수님께서 발 씻음과 죄 씻음을 연결하여 말씀하셨기 때문에(8, 10, 11절), 이 사건을 통해 우리는 예수님께서 회개에 관하여 가르쳐주신 몇 가지 중요한 교훈을 얻게 되었다.

첫째, 예수님께서는 온몸을 씻는 목욕과 발 씻음을 구분하심으로써, 회개에 두 종류, 곧 온몸을 목욕하는 회개와 발을 씻는 회개가 있음을 가르쳐주셨다(8-10절).

둘째, "이미 목욕한 자는 발밖에 씻을 필요가 없느니라 온몸이 깨끗하니라"고 말씀하심으로써, 온몸을 목욕하는 회개를 한 사람은 온몸이 이미 깨끗하므로 온몸을 목욕하는 회개 곧 "첫 회개"를 다시 반복할 필요가 없고, 오직 발을 씻는 회개만 반복하면 된다고 말씀하셨다(10절).

셋째, "내가 너를(네 발을) 씻어주지 아니하면 네가 나와 상관이 없느니라"고 말씀하심으로써, 온몸을 목욕하는 회개 곧 "첫 회개"로 구원을 받은 사람이라도 발을 씻는 회개를 반복해야 예수님과의 관계가 끊어지지 않는다고 말씀하셨다(8절).

　우리가 아는 바와 같이, 하나님과 우리의 관계를 단절시키는 것은 바로 죄이다(사59:2). 죄의 문제가 해결되지 않으면, 하나님과 우리의 관계는 회복이 불가능하다. 그래서 이 문제를 해결하기 위해 예수님께서 오셨다(요1:29, 마26:28, 벧전2:24). 내가 예수 그리스도의 복음을 듣고 믿고 "첫 회개" 곧 온몸을 목욕하는 회개를 할 때, 죄로 인해 끊어졌던 하나님과의 관계가 회복되고 구원을 받는다. 그렇지만 "첫 회개"로 구원받은 이후에도 우리는 우리의 연약함으로 인하여 또다시 죄를 짓기 때문에, 이 죄로 인하여 다시 하나님과 관계가 끊어지지 않으려면, 그때마다 발을 씻는 회개를 반복해야 한다는 교훈을 예수님께서는 제자들의 발을 씻어주시는 사건을 통해 가르쳐주신 것이다.

　예수님께서는 우리가 구원을 얻은 후 하나님을 아버지로 모시고 사는 동안에도 "반복하는 회개"를 계속하며 살아야 할 것을 주기도문을 통해서도 가르쳐주셨다.

그러므로 너희는 이렇게 기도하라
하늘에 계신 우리 아버지여...
우리가 우리에게 죄지은 자를 사하여 준 것같이
우리 죄를 사하여 주시옵고

그러므로 신자의 삶은 한마디로 회개의 삶, 곧 회개에서 시작하여 회개로 진행되는 회개의 삶이라고 할 수 있다. 회개로 구원을 얻을 뿐 아니라 구원을 얻은 후에도 회개를 하며 예수님을 닮아가는 성화의 길을 걷기 때문이다. 우리가 마지막 날에 부활하여 영화의 단계에 들어갈 때까지 우리의 회개는 계속된다.

나는 "첫 회개"로 구원을 얻었는가? 그렇다면 구원받은 후에 "반복하는 회개"를 하며 성화의 길을 걷고 있는가?

"첫 회개"는 "반복하는 회개"를 이끌어 온다

"첫 회개"는 일생 한 번 하는 회개이지만, 이 회개는 평생 계속되는 "반복하는 회개"를 이끌어 온다. 다시 말하면, "첫 회개"로 구원을 받은 사람은 반드시 "반복하는 회개"를 하며 살아가게 된다는 말이다. 그 이유는 구원을 얻은 후에도 우리는 여전히 완전하지 못하여 수시로 죄를 짓기 때문이다.

구원을 얻은 후에도 우리가 죄를 짓는 이유는 우리의 구원이 우리가 완전해서 우리의 공로로 획득한 것이 아니라 여전히 부족하지만 하나님께서 은혜의 선물로 주신 것이기 때문이다.

너희는 그 은혜에 의하여
믿음으로 말미암아 구원을 받았으니
이것은 너희에게서 난 것이 아니요 하나님의 선물이라
행위에서 난 것이 아니니
이는 누구든지 자랑하지 못하게 함이라
(에베소서 2장 8-9절)

그래서 구원을 받은 후에도 우리는 여전히 연약하여 죄를 짓곤 한다. 그래서 "첫 회개"로 거듭난 사람들은 구원 얻은 후에 반드시 "반복하는 회개"의 삶을 살게 되고 또한 그런 삶을 살아야만 한다.

그렇지만 구원 얻기 전의 나와 구원 얻은 후의 나는 근본적으로 다르다. 왜냐하면 이제는 내 안에 성령 하나님께서 내주하시기 때문이다(요14:16-17, 고전3:16). 성령님께서 나와 동거하시면서 내가 죄를 지을 때마다 죄를 깨닫게 하시고 회개하게 하시고 하나님의 뜻을 따라 거룩한 삶을 살도록 도우셔서, 우리로 하여금 그리스도의 형상을 더욱 닮아가게 하시는데, 이 과정을 우리는 성화(sanctification)라고 부른다.

하나님이 미리 아신 자들을
또한 그 아들의 형상을 본받게 하기 위하여 미리 정하셨으니
(로마서 8장 29절 상반절)

나의 자녀들아
너희 속에 그리스도의 형상을 이루기까지
다시 너희를 위하여 해산하는 수고를 하노니
(갈라디아서 4장 19절)

　거듭난 후에 성화의 길을 걷는 사람들은 예수님께서 재림하시는 날에 영광스러운 부활에 참여하게 되면서, 비로소 그리스도의 형상을 온전히 닮아, 더 이상 회개가 필요 없는 영화(glori-fication)의 단계에 이르게 된다.

죽은 자의 부활도 그와 같으니
썩을 것으로 심고 썩지 아니할 것으로 다시 살아나며
욕된 것으로 심고 영광스러운 것으로 다시 살아나며...
우리가 흙에 속한 자의 형상을 입은 것같이
또한 하늘에 속한 이의 형상을 입으리라...
보라 내가 너희에게 비밀을 말하노니
우리가 다 잠잘 것이 아니요
마지막 나팔에 순식간에 홀연히 다 변화되리니

나팔 소리가 나매
죽은 자들이 썩지 아니할 것으로 다시 살아나고
우리도 변화되리라
(고린도전서 15장 42-52절)

너희 마음을 굳건하게 하시고
우리 주 예수께서 그의 모든 성도와 함께 강림하실 때에
하나님 우리 아버지 앞에서
거룩함에 흠이 없게 하시기를 원하노라
(데살로니가전서 3장 13절)

사랑하는 자들아 우리가 지금은 하나님의 자녀라
장래에 어떻게 될지는 아직 나타나지 아니하였으나
그가 나타나시면
우리가 그와 같을 줄을 아는 것은
그의 참 모습을 그대로 볼 것이기 때문이니
(요한일서 3장 2절)

다시 말하면, 우리가 하나님의 자녀로 구원을 받을 때 즉시 영화의 단계에 들어가는 것이 아니다. 우리는 여전히 죄성이 남아 있는 불완전한 상태에서 그리스도의 의를 덧입고("의롭다 하심", 칭의, justification) 은혜로 구원을 얻기 때문이다.

"첫 회개"로 죄 사함을 받아 구원을 얻은 시점부터 영화의 단계에 들어갈 때까지, 이 중간 과정을 성화라고 하는데, 이 과정에서 없어서는 안 되는 절대 요소가 바로 "반복하는 회개"다.

　　여러분은 어떠한가? "첫 회개"로 구원을 얻었는가? 그렇다면 이제 죄를 지을 때마다 "반복하는 회개"를 통해 점점 더 그리스도를 닮아가며 성화의 길을 걷고 있는가? 여러분에게 구원의 확신이 있더라도, 만약 여러분의 삶에 "반복하는 회개"가 없다면, 여러분은 자신이 죄를 전혀 짓지 않을 만큼 완전하다는 착각 속에 살며 성화의 길을 포기한 교만한 신자이거나 아니면 아직 구원을 받지 못한 불신자, 둘 중에 하나일 것이다.

　　"첫 회개"든지 "반복하는 회개"든지, 회개가 필요 없는 사람은 "사람이 되신 하나님"(요1:14, 롬5:15) 예수 그리스도 한 분 밖에 없다(고후5:21, 히4:15, 요일3:5). 예수님께서 "회개하라"고 하셨고(마4:17, 막1:15, 눅5:32, 24:47, 계2:5, 3:3, 19), 사도들이 "회개하라"고 외치는데(막6:12, 행2:38, 3:19, 17:30, 26:20, 벧후3:9), 회개하기를 거부하는 것은 예수님을 거부하고 사도들을 무시하는 치명적인 죄악이라 할 수 있다.

　　우리는 모두 죄인이므로 구원을 받기 위해 "첫 회개"를 해야 하며, 또한 구원을 얻은 후에도 우리는 아직 완전하지 못한 존

재이므로 주님 앞에 서는 날까지 "반복하는 회개"를 하며 그리
스도를 계속 닮아가야 한다.

요한일서에서 배우는 "반복하는 회개"

예수님께서 이 세상에 오신 궁극적인 목적은 죄로 인하여 끊
어진 하나님과의 관계를 회복시켜서(롬 5:10-11, 고후5:18-19, 골
1:20-22, 요일4:10) 우리로 하여금 하나님 아버지와 그의 아들 예
수 그리스도와 더불어 사귐(교제, κοινωνία)을 갖게 하기 위함이
었다(요일1:1-4).

우리가 보고 들은 바를 너희에게도 전함은
너희로 우리와 사귐이 있게 하려 함이니
우리의 사귐은
아버지와 그의 아들 예수 그리스도와 더불어 누림이라
(요한일서 1장 3절)

"첫 회개"로 죄 사함과 구원을 받은 '우리'는 이제 창조주 하나
님과 사귀는 엄청난 특권을 받았다. 그런데 우리가 하나님과 사
귀는 데는 결정적인 문제가 있다. 왜냐하면 우리는, 빛의 자녀
로 거듭났음에도 불구하고(엡5:8), 여전히 어둠의 속성이 남아

있어서 종종 어둠의 일 곧 죄를 범하는데, 반면에 하나님은 어둠이 조금도 없으신 빛, 곧 어둠과는 공존하실 수 없는 완전한 빛이시기 때문이다.

우리가 그에게서 듣고
너희에게 전하는 소식은 이것이니
곧 하나님은 빛이시라
그에게는 어둠이 조금도 없으시다는 것이니라
(요한일서 1장 5절)

그렇다면 죄를 짓는 우리가 어떻게 어둠을 조금도 용납하실 수 없는 온전한 빛이신 하나님과 사귐을 가질 수 있는가? 이 사귐을 가능하게 하시는 분은 하나님이시다. 하나님께서는 이 사귐을 위해, 우리가 종종 죄를 범함에도 불구하고 우리로 어둠에 살지 않고 빛 가운데 살게 하시는데, 그 방법은 하나님께서 우리가 죄를 지을 때마다 "그의 아들 예수의 피"로 우리를 모든 죄에서 깨끗하게 하시는 것이다(요일1:7).

그런데 여기서 "그의 아들 예수의 피"로 우리를 모든 죄에서 깨끗하게 하실 때, 하나님께서 우리에게 요구하시는 것이 있는데, 그것은 바로 "반복하는 회개"다.

만일 우리가 우리 죄를 자백하면
그는 미쁘시고 의로우사
우리 죄를 사하시며
우리를 모든 불의에서 깨끗하게 하실 것이요
(요한일서 1장 9절)

"만일 우리가 우리 죄를 자백하면"에서 '자백한다'는 헬라어 동사 호몰로게오(ὁμολογέω)가 완료된 동작을 뜻하는 단순 과거 시제(aorist tense)가 아니라 지속되거나 반복되는 동작을 의미하는 현재 시제(present tense)로 사용되었기 때문에, 이 단어는 우리가 죄를 지을 때마다 우리가 우리 죄를 반복하여 자백하는 회개, 곧 "반복하는 회개"를 가리킨다.

호몰로게오(ὁμολογέω) 동사의 현재 시제(ὁμολογῶμεν)를 적용하여 요한일서 1장 9절을 풀어 설명하면, "첫 회개"로 구원받은 '우리'가 죄를 지을 때마다 우리 죄를 반복하여 자백하면, 미쁘시고 의로우신 하나님께서는 그때마다 "그의 아들 예수의 피로" 우리 죄를 사하시고 우리를 모든 불의에서 깨끗하게 하셔서, 우리를 어둠에서 벗어나 빛 가운데 거하게 하심으로, 빛이신 자신과 우리가 계속 사귐을 유지할 수 있도록 하신다는 말씀이다.

그러나 만일 우리가 죄를 종종 지으면서도 죄가 없다고 주장하며 회개하기를 거부하면, 우리는 "예수의 피"로 죄 사함을 받지 못하기 때문에 계속 죄의 어둠에 머물 수밖에 없고, 그러면 빛이신 하나님과도 사귈 수 없고, 오히려 나 자신을 속이고 "하나님을 거짓말하는 이"로 만드는 사람이 되고 만다.

만일 우리가 죄가 없다고 말하면
스스로 속이고 또 진리가 우리 속에 있지 아니할 것이요
(요한일서 1장 8절)

만일 우리가 범죄하지 아니하였다 하면
하나님을 거짓말하는 이로 만드는 것이니
또한 그의 말씀이 우리 속에 있지 아니하니라
(요한일서 1장 10절)

  요한일서 3장을 보면, 구원받은 성도들이 때때로 죄를 범하면서도 어떻게 빛이신 하나님과 계속 사귐을 유지하며 살아갈 수 있는지에 관한 가르침을 거듭 확인할 수 있다.

  요한일서 3장 6, 8, 9절에서는 죄를 짓는 행위를 표현하기 위해 하마르타노(ἁμαρτάνω)와 포이에오(ποιέω)라는 헬라어 두 동사를 각각 두 번씩 네 번 사용하고 있다. 그런데 이 동사들도 네

번 모두 공통적으로 <u>완료된 동작을 뜻하는</u> 단순 과거 시제(ao-rist tense)가 아니라 <u>지속되는 동작을 의미하는</u> 현재 시제(present tense)를 사용하고 있다.

6절 그 안에 거하는 자마다
  범죄하지(ἁμαρτάνει) 아니하나니
  범죄하는(ἁμαρτάνων) 자마다
  그를 보지도 못하고 그를 알지도 못하였느니라

8절 죄를 짓는 자(ποιῶν)는
  마귀에게 속하나니...

9절 하나님께로부터 난 자마다
  죄를 짓지 아니하나니(ποιεῖ)...

참고로 영어 번역본들을 보면, 한글 번역본과 달리, 헬라어의 <u>현재 시제</u>의 의미를 살려 번역한 역본들이 많아서, 이 구절들의 의미를 보다 정확하게 파악할 수 있다. 요한일서 3장 6절 한 절을 예로 들어 보면, 아래와 같다.

6절 No one who abides in him
  <u>keeps on sinning;</u>

no one who keeps on sinning

has either seen him or known him.

(English Standard Version)

6절 No one who remains in Him

sins continually;

no one who sins continually

has seen Him or knows Him.

(New American Standard Bible)

6절 No one who lives in him

keeps on sinning.

No one who continues to sin

has either seen him or known him.

(New International Version)

여러분의 이해를 돕기 위해, 위의 영역본들처럼 동사의 현재시제를 살려서 요한일서 3장 6절을 번역하면 다음과 같다.

6절 그 안에 거하는 자마다

(지속적으로) 범죄하지 아니하나니

(지속적으로) 범죄하는 자마다

그를 보지도 못하고 그를 알지도 못하였느니라

이와 같이 6절은 사람을 두 부류, 곧 "그(하나님) 안에 거하는 자"와 "범죄하는 자"로 나누는데, "그(하나님) 안에 거하는 자"들은 죄를 지속적으로 짓지 아니하는 자들이고, 반면에 "범죄하는 자"들은 죄를 지속적으로 짓는 자들임을 가르쳐주고 있다.

그렇다면 "그(하나님) 안에 거하는 자"들이 죄를 지으면서도 지속적으로 짓지 않는 비결은 무엇인가? 앞서 요한일서 1장 9절을 통해 본 것처럼, 그 비결은 바로 회개, 곧 죄를 짓더라도 죄 사함을 받음으로써 죄를 끊어내어 죄가 지속되지 못하게 하는 "반복하는 회개"에 있다. 이것을 6절에 적용하여 더 쉽게 번역하면 다음과 같다.

6절 그(하나님) 안에 거하는 자마다
    (죄를 짓더라도 반복하여 회개함으로 지속적으로)
    범죄하지 아니하나니
    (회개하지 않고 지속적으로) 범죄하는 자마다
    그(하나님)를 보지도 못하고 그(하나님)를 알지도
    못하였느니라

요한일서 3장 6절처럼, 8, 9절도 동사의 현재 시제를 살려서

146

번역하면 다음과 같다.

> 8절 죄를 (지속적으로) 짓는 자는
>
> 마귀에게 속하나니...
>
> 9절 하나님께로부터 난 자마다
>
> 죄를 (지속적으로) 짓지 아니하나니...

6절처럼 8, 9절도 사람을 두 부류, 곧 "하나님께로부터 난 자"와 "마귀에게 속"한 자로 구분하는데, 이 두 부류를 구분하는 잣대가 바로 회개에 있음을 가르쳐주고 있다. 다시 말하면, "하나님께로부터 난 자"들은 죄를 지어도 죄를 지을 때마다 반복하여 회개함으로써 죄를 끊어내기 때문에 죄를 지속적으로 짓지 않는 자들이고(9절), 반면에 "마귀에게 속"한 자들은 회개를 하지 않으므로 죄를 지속적으로 짓는 자들이라고 말씀하고 있다(8절).

여러분은 어떠한가? 여러분은 죄를 지을 때마다 죄를 반복하여 회개함으로 죄 사함을 받아, 빛 가운데 머물며 하나님과 교제하는 삶을 살고 있는가? 그렇다면 여러분은 "첫 회개"를 통해 죄 사함과 구원을 받았을 뿐 아니라, 또한 "반복하는 회개"를 통해 하나님과 사귀며 성화의 길을 걷고 있는 "하나님께로부터 난 자"이다.

그러나 여러분이 회개 없는 삶을 살고 있다면, 여러분은 스스로를 속이고(요일1:8) "하나님을 거짓말 하는 이"로 만드는 사람이다(요일1:10). 또한 여러분은 회개로 죄를 끊어내지 않기 때문에 지속적으로 죄를 짓는 사람이며 "마귀에게 속"한 자라고 할 수 있다(요일3:8). 죄로 인해 하나님과의 관계가 끊어져 있기 때문에, 여러분은 하나님을 보지도 못하고 알지도 못하는 상태로 살아가고 있는 것이다(요일3:6).

나는 어떤 사람인가? 나는 빛이신 하나님과 교제하며 빛 가운데 살아가는 성도인가? 아니면 여전히 마귀에게 속하여 어둠 속에 살아가는 사람인가? 요한일서는 이 두 부류를 구분하는 잣대가 바로 회개, 특히 "반복하는 회개"에 있음을 가르쳐주고 있다(요일1:5-10, 3:6-9, 5:18).

하나님께 가까이 갈수록 깊은 회개가 나온다

어둠 속에서 있을 때는 내가 얼마나 더러운지를 잘 모른다. 그러나 빛에 다가가면 나의 참모습이 드러난다. 마찬가지로 죄의 어둠 속에 살 때는 내가 어떤 존재인지를 잘 알지 못하다가,

빛이신 하나님께 가까이 나아가면 비로소 내가 얼마나 추하고 더러운 죄인인지를 깨닫게 된다.

 그래서 하나님과 친밀한 교제를 나누는 사람일수록 더 많은 회개를 하게 된다. 하나님께 가까이 가면 갈수록 죄들이 선명하게 드러나고 작은 죄들까지 모습을 드러내기 때문이다. 그러므로 "첫 회개"를 하고 구원을 얻었더라도, "반복하는 회개"를 자주 하지 않는 신자들은 아직 하나님과 친밀한 교제를 누리지 못하고 있는 사람이라고 할 수 있다.

 선지자로 부르심을 받을 때, 이사야는 거룩하신 영광의 하나님을 가까이 뵙게 된다.

웃시야 왕이 죽던 해에 내가 본즉
주께서 높이 들린 보좌에 앉으셨는데
그의 옷자락은 성전에 가득하였고
스랍들이 모시고 섰는데 각기 여섯 날개가 있어
그 둘로는 자기의 얼굴을 가리었고
그 둘로는 자기의 발을 가리었고 그 둘로는 날며
서로 불러 이르되
거룩하다 거룩하다 거룩하다 만군의 여호와여
그의 영광이 온 땅에 충만하도다 하더라

여러분이 만일 이사야처럼 하나님을 가까이 뵙게 된다면, 여러분은 어떤 반응을 보일 것 같은가? 형용할 수 없는 큰 기쁨과 감격에 사로잡히지 않을까? 그러나 아니다. 이사야는 오히려 자신이 감히 하나님을 뵐 수 없는 부정한 죄인임을 깨닫고 슬퍼했다.

그때에 내가 말하되 화로다 나여 망하게 되었도다
나는 입술이 부정한 사람이요
나는 입술이 부정한 백성 중에 거주하면서
만군의 여호와이신 왕을 뵈었음이로다 하였더라
(이사야 6장 5절)

베드로도 그랬다. 밤새 한 마리의 물고기도 잡지 못했던 그가 예수님의 말씀에 순종하여 깊은 데로 가서 그물을 던진 후 그물이 찢어지도록 물고기를 잡았을 때(눅5:4-7), 베드로는 뜻밖에 반응을 보였다. 기뻐 뛰며 예수님께 감사를 표한 것이 아니라, 예수님의 무릎 아래 엎드려 자신이 죄인임을 고백했다.

시몬 베드로가 이를 보고
예수의 무릎 아래에 엎드려 이르되

주여 나를 떠나소서 나는 죄인이로소이다 하니
(누가복음 5장 8절)

그러므로 여러분이 "첫 회개"로 구원을 얻었더라도 자신을 회개할 죄가 별로 없는 의인이라고 생각하며 살고 있다면, 여러분은 아직 하나님과 친밀한 교제를 누리며 사는 그리스도인이 아니다. 영광의 주님께 가까이 가면 갈수록 우리도 이사야와 베드로처럼 내가 부정한 죄인임을 더 깊이 깨닫고 더 깊은 회개를 하게 되기 때문이다.

하나님과 친밀한 교제의 비결

앞서 살펴본 것처럼, 회개는 죄로 인해 끊어졌던 하나님과의 관계를 회복시킨다. 그래서 회개한 사람들은 "살아계신 하나님"과 사귀며 살아가는 놀라운 특권을 누린다.

여러분 주위에 하나님과 매우 친밀한 교제를 나누는 성도들을 본 적이 있는가? 여러분은 그들이 하나님의 음성을 듣기도 하고 기도에 응답을 받기도 하며 하나님과 친밀하게 동행하며 사는 비결이 무엇인지 아는가? 답은 바로 회개에 있다.

하나님과 친밀하게 교제하며 살아가는 사람들의 공통점은 바로 회개다. 이들은 "첫 회개"로 하나님과의 관계가 회복된 후에 거기서 멈추지 않는다. 구원 얻은 후에도 우리의 연약함 때문에 죄를 다시 짓게 되는데, 이들은 이 죄로 인하여 하나님과의 관계가 끊어지지 않도록 "반복하는 회개"를 지속하기 때문에, 하나님과 깊고 친밀한 교제를 계속 이어가는 것이다.

회개하는 사람들의 공통점

"첫 회개"로 거듭난 후 "반복하는 회개"를 하면서 하나님과 친밀한 교제를 유지하며 살아가는 신자들에게 나타나는 공통점을 두 가지만 예로 든다면, 첫째, 점점 더 거룩한 삶을 즐기며 살게 된다는 것이다.

"악하고 음란한" 세상(마12:39, 16:4)은 거룩함 자체를 싫어한다(딤후3:1-2). 그러나 세상에서 우리를 구별하여 내신 하나님께서는 그의 자녀인 우리가 그를 닮아 거룩한 삶을 살기를 원하신다(벧전1:15-16).

나는 너희의 하나님이 되려고
너희를 애굽 땅에서 인도하여 낸 여호와라

내가 거룩하니 너희도 거룩할지어다
(레위기 11장 45절)

하나님의 뜻은 이것이니 너희의 거룩함이라
곧 음란을 버리고
(데살로니가전서 4장 3절)

그러나 너희는 택하신 족속이요 왕 같은 제사장들이요
거룩한 나라요 그의 소유된 백성이니
이는 너희를 어두운 데서 불러내어
그의 기이한 빛에 들어가게 하신 이의 아름다운 덕을
선포하게 하려 하심이라
(베드로전서 2장 9절)

하나님의 자녀로 거듭난 후, 성화의 길을 걸으면서 나는 점점 더 거룩해져 가고 있는가? 아니면 성경을 읽고 기도하는 시간보다 유튜브나 세상 문화를 여전히 더 즐기며 사는가?

오늘날에는 세상뿐 아니라 교회 안에서도 거룩함을 거북하게 여기는 경향이 강하다. 그러나 나에게 거룩함이 없으면 나는 하나님과 친밀한 교제를 나눌 수 없다는 사실을 명심해야 한다.

모든 사람과 더불어 화평함과 거룩함을 따르라
이것이(거룩함이) 없이는 아무도 주를 보지 못하리라
(히브리서 12장 14절)

그렇다면 하나님과 더 친밀한 교제를 나누기 위해 우리가 더 거룩해져야 하는데, 어떻게 해야 더 거룩해질 수 있는가? 성경을 보면 두 가지 삶이 우리를 거룩하게 하는데, 하나는 하나님의 말씀에 "복종하는 삶"이고, 다른 하나는 말씀에 불순종함으로 죄를 지을 때마다 반복하여 "회개하는 삶"이다. 우리가 하나님의 말씀에 복종하며 살 때, 하나님께서는 진리의 말씀으로 우리를 거룩하게 하신다(요17:17, 엡5:26). 그리고 우리가 죄를 회개할 때, 하나님께서는 그리스도의 피로 우리를 거룩하게 하신다(히13:12, 요일1:7-9).

그래서 두 가지 삶, 곧 말씀에 "복종하는 삶"과 불순종의 죄를 지을 때마다 "회개하는 삶"을 사는 사람들은 세월이 흐를수록 점점 더 하나님을 닮아 거룩해져 가는 공통점이 있다. 여러분은 어떠한가?

회개하는 사람들에게 나타나는 또 하나의 공통점은 그들의 삶에 기쁨과 감사가 넘쳐서 "찬송하는 삶"을 살게 된다는 것이다. 이것은 하나님과의 친밀한 교제를 계속 이어가기 때문에 나타나는 당연한 현상이다.

여러분이 평소에 즐겨 부르는 찬송은 무엇인가? 내가 산호세 임마누엘장로교회에서 목회할 때 가정들을 심방하여 예배를 드리면, 나는 심방 받는 분들에게 종종 어떤 찬송을 좋아하시냐고 묻곤 했다. 왜냐하면 좋아하는 찬송을 통해 그들의 신앙의 성숙도를 엿볼 수 있었기 때문이다.

"좋아하는 찬송이 없어요. 목사님이 알아서 하세요." 하는 교인들도 있는데, 이들은 대부분 하나님과 친밀한 교제가 없는 분들이다. 왜냐하면 회개를 통해 지속적으로 하나님과 친밀한 교제를 이어가는 성도들은 그들의 삶에 기쁨과 감사가 넘쳐서 자신도 모르게 늘 찬송을 즐겨 드리며 살게 되기 때문이다.

그러므로 우리는 예수로 말미암아
항상 찬송의 제사를 하나님께 드리자
이는 그 이름을 증언하는 입술의 열매니라
(히브리서 13장 15절)

하나님과 친밀하게 교제하는 분들은, 감성적인 복음성가보다, 나를 죄와 사망의 권세에서 구속하신 하나님을 직접 찬양하는 찬송을 즐겨 부른다.

특히 회개하고 돌아와 하나님과 친밀한 교제를 누리며 살던 사람들이 지은 찬송들, 예를 들면, 260장 "우리를 죄에서 구하시려", 261장 "이 세상의 모든 죄를", 265장 "주 십자가를 지심으로", 283장 "나 속죄함을 받은 후", 289장 "주 예수 내 맘에 들어와", 305장 "나 같은 죄인 살리신" 등의 찬송을 여러분이 평소에 즐겨 부르신다면, 여러분은 "첫 회개"로 구원을 얻고 "반복하는 회개"로 하나님과 친밀한 교제를 유지하면서 살아가는 성도일 것이다.

이런 찬송들을 뜨거운 가슴으로 혹은 넘치는 감사에 눈물로 부른 적이 있는가? 그리고 이런 찬송들이 시시때때로 나도 모르게 내 속에서 흘러나오는가? 그렇다면 회개의 네 단계를 점검해 보지 않아도, 여러분은 성경적으로 참 회개를 한 사람일 것이다.

SALVATION WITHOUT REPENTANCE

6장

회개도 하나님의
은혜다

6장

회개도 하나님의 은혜다

인간에게 회개할 능력이 있는가?

지금까지 우리는 회개, 곧 "첫 회개"와 "반복하는 회개"에 대하여 살펴보았다. 이 장에서는 우리가 우리 자신의 힘으로 회개를 할 수 있는지에 대하여 살펴보려고 한다. 첫 조상 아담의 타락 이후 죄에 빠진 우리 인간에게 과연 스스로 죄를 깨닫고 죄의 삶을 떠나 하나님께 돌아올 능력이 있을까?

성경은 우리 모든 인간이 죄의 지배 아래 살고 있기 때문에, 죄를 회개할 능력도 없고 죄의 문제를 해결하기 위해 하나님을 찾아 나서는 의지도 없다고 선언한다.

그러면 어떠하냐 우리는 나으냐 결코 아니라
유대인이나 헬라인이나 다 죄 아래에 있다고
우리가 이미 선언하였느니라
기록된 바 의인은 없나니 하나도 없으며
깨닫는 자도 없고 하나님을 찾는 자도 없고
(로마서 3장 9-11절)

하나님이 하늘에서 인생을 굽어살피사
지각이 있는 자와 하나님을 찾는 자가 있는가 보려 하신즉
각기 물러가 함께 더러운 자가 되고
선을 행하는 자는 없으니 한 사람도 없도다
(시편 53편 2-3절)

인간의 이런 무능력 상태를 칼빈주의 오대 강령(Five Points of Calvinism)에서는 "전적 부패"(Total Depravity)로 표현한다.

그러므로 우리에게 하나님의 은혜는 구원을 얻기 위해서뿐 아니라 그에 앞서 회개의 과정에서부터 절대적으로 필요하다. 인간은 하나같이 다 치우쳐 무익하게 되어서 선을 행할 능력과 의지가 없기 때문이다.

다 치우쳐 함께 무익하게 되고
선을 행하는 자는 없나니 하나도 없도다
(로마서 3장 12절)

회개에도 하나님의 은혜가 필요하다

여러분은 어떠한가? 죄인임을 깨닫고 하나님께 돌아왔는가? 그렇다면 여러분은 하나님께 은혜를 입은 사람이다. 여러분이 하나님께 돌아온 것은 여러분의 지혜나 의지, 능력이 뛰어나서 돌아온 것이 아니라, 하나님께서 성령을 통해 그리고 사람, 사건, 환경, 고난 등을 통해 여러분이 죄를 깨닫고 돌아올 수 있도록 은혜를 베푸셨기 때문이다.

4장 "회개의 네 단계"에서 우리는 베드로와 가룟 유다를 비교했었다. 둘 다 같은 시기에 죄를 짓고 둘 다 똑같이 자기들의 죄를 깨달았지만, 가룟 유다는 목을 매어 죽었고, 베드로는 다시 부르심을 받아 이 땅에 교회를 세우는 인류 역사상 가장 영광스러운 일에 참여했다(요21:15-17, 행2장). 두 사람에게 이런 차이를 가져온 것은 무엇인가? 바로 회개다. 가룟 유다는 회개를 하지 못했고, 베드로는 회개를 했다. 이것이 그들의 영원을 결정지은 것이다.

그렇다면 가룟 유다는 능력이 없어서 회개를 못했고, 베드로는 있어서 회개를 했는가? 아니다. 로마서 3장 9-12절 말씀대로, 그들 둘 다 회개할 능력이 없었다. 둘 다 똑같았는데, 정반대의 길을 걸은 이유는 은혜에 있었다. 가룟 유다는 은혜를 받지 못했기 때문에 회개를 할 수 없었고, 베드로는 은혜를 받았기 때문에 회개를 할 수 있었던 것이다.

십자가의 길을 가시던 예수님께서는 가룟 유다와 베드로가 둘 다 죄를 지을 것을 미리 아셨다. 마지막 유월절 만찬을 드시는 자리에서 예수님께서는 돈을 받고 자신을 팔아넘길 가룟 유다를 불쌍히 여기셨다. 그렇지만 그가 회개하고 돌아오도록 그를 위해 기도해 주시지는 않았다.

그들이 먹을 때에 이르시되
내가 진실로 너희에게 이르노니
너희 중에 한 사람이 나를 팔리라...
인자는 자기에 대하여 기록된 대로 가거니와
인자를 파는 그 사람에게는 화가 있으리로다
그 사람은 차라리 태어나지 아니하였더라면
제게 좋을 뻔하였느니라
(마태복음 26장 21-24절)

그러나 자신을 배신할 시몬 베드로를 위해서는 그가 회개하고 돌아오도록 기도를 해주셨다.

시몬아, 시몬아,
보라 사탄이 너희를 밀 까부르듯 하려고 요구하였으나
그러나 **내가 너를 위하여** 네 믿음이 떨어지지 않기를
기도하였노니
너는 **돌이킨**(회개한, "return to Me" NKJV) 후에
네 형제를 굳게 하라
(누가복음 22장 31-32절)

여기서 우리는 죄를 회개하는 것도 우리 스스로의 힘으로 할 수 있는 것이 아니라, 죄를 깨닫고 돌아오도록 도우시는 주님의 은혜가 필요하다는 사실을 확인하게 된다.

웨스트민스터 신앙고백 15장 1조도 아래의 성경 구절들에 근거하여 회개는 하나님의 은혜라고 가르치고 있다.

그들이 이 말을 듣고 잠잠하여
하나님께 영광을 돌려 이르되
그러면 **하나님께서** 이방인에게도
생명 얻는 **회개를 주셨도다** 하니라

내가 다윗의 집과 예루살렘 주민에게
은총과 간구하는 심령을 부어주리니
그들이 그 찌른 바 그를 바라보고
그를 위하여 **애통하기를** 독자를 위하여 애통하듯 하며
그를 위하여 **통곡하기를** 장자를 위하여 통곡하듯 하리로다
(스가랴 12장 10절)

소요리문답 87도 회개를 "생명에 이르는 회개"로 이름하면서, 회개가 하나님의 은혜임을 아래와 같이 가르치고 있다.

문 87. 생명에 이르는 회개가 무엇인가?

답. 생명에 이르는 회개는 곧 구원 얻는 은혜인데, 이로 말미암아 죄인이 자기 죄를 참으로 알고, 또 그리스도 안에서 하나님의 긍휼하심을 깨달아 자기 죄를 원통히 여기고 미워함으로 죄에서 떠나 하나님께로 돌아가서, 굳게 결심하고 마음과 힘을 다하여 새로이 순종하는 것이다.

회개의 은혜를 가르치는 비유들

우리가 앞서 살펴본 누가복음 15장에 있는 세 비유들도 회개에 은혜가 필요함을 말해주고 있다. 3-7절에 있는 잃은 양의 비유에서 "죄인 한 사람이 회개하면 하늘에서는 회개할 것 없는 의인 아흔아홉으로 말미암아 기뻐하는 것보다 더하리라"고 말씀하셨는데, 그렇다면 이 죄인이 스스로 죄를 회개하며 돌아왔는가? 아니다. 4-6절을 보면, 잃어버린 양 한 마리를 "찾아내기까지" 찾아가서 데려온 목자의 은혜가 있었기 때문에 돌아온 것이다.

8-10절에 있는 드라크마의 비유도 마찬가지이다. 주인을 떠난 드라크마가 스스로 주인에게 돌아온 것이 아니라 주인이 "찾아내기까지 부지런히" 찾은 결과로 돌아온 것이다. 이처럼 죄인 한 사람이 회개하고 돌아오는 것은 자기 힘으로 돌아오는 것이 아니라 오직 그를 "찾아내기까지 부지런히" 찾아오시는 하나님의 은혜로 돌아오는 것이다.

11-32절에 있는 탕자의 비유를 보면, 둘째 아들이 스스로 죄를 깨닫고 자기 힘으로 아버지께 돌아온 것으로 보인다. 그런데 이 비유에 등장하는 아버지를 하나님으로 해석하면, 의미는 달라질 수밖에 없다. 인간 아버지는 능력의 한계로 인해 탕자 아

들이 스스로 돌아오기까지 집에 앉아서 기다릴 수밖에 없지만, 하나님께서는 집에 앉아서도, 잃은 양을 찾아가는 목자처럼 (4-6절), 탕자 아들을 찾아가 실패와 고난을 당하게 하셔서 그로 하여금 죄를 깨닫고 회개하며 돌아올 수 있도록 은혜를 베푸실 수 있는, 전능하시고 무소부재하신 아버지이시기 때문이다.

하나님의 징계는 은혜다

실제로 하나님께서는 그의 백성을 회개시키는 은혜의 수단으로 징계를 사용하시기도 한다. 이런 교훈을 우리는 이스라엘의 역사에서 발견할 수 있다.

유대 민족은 주전 586년까지 바벨론 왕 느부갓네살에게 세 번 침입을 받아, 결국 성전이 불타고 예루살렘 성이 무너지고 수많은 사람들이 죽임을 당하고 노예로 끌려가는 참혹한 고통을 당했다.

하나님께서 택하신 민족인 이스라엘이 왜 이런 처참한 고통을 당했을까? 힘이 없어서 당했는가? 아니다. 성경을 보면, 그들이 이런 고통을 당한 것은 바벨론 제국이 강해서도 아니고 그들이 전쟁에 패배했기 때문도 아니었다. 그들이 이런 재난을 당한 이유는 오직 하나, 그들이 하나님의 말씀을 거부하며 회개를 하지 않았기 때문이었다.

그의 조상들의 하나님 여호와께서
그의 백성과 그 거하시는 곳을 아끼사
부지런히 그의 사신들을 그 백성에게 보내어 이르셨으나
그의 백성이 하나님의 사신들을 비웃고
그의 말씀을 멸시하며 그의 선지자를 욕하여
여호와의 진노를 그의 백성에게 미치게 하여
회복할 수 없게 하였으므로
하나님이 갈대아 왕의 손에 그들을 다 넘기시매
그가 와서 그들의 성전에서 칼로 청년들을 죽이며
청년 남녀와 노인과 병약한 사람을
긍휼히 여기지 아니하였으며...
또 하나님의 전을 불사르며
예루살렘 성벽을 헐며 그들의 모든 궁실을 불사르며...
칼에서 살아남은 자를 그가 바벨론으로 사로잡아가매
무리가 거기서 갈대아 왕과 그의 자손의 노예가 되어
바사 국이 통치할 때까지 이르니라
(역대하 36장 15-20절)

이스라엘 백성이 하나님을 떠나 우상 숭배와 여러 죄악들을 범했을 때, 하나님께서는 선지자들을 부지런히 보내셔서 돌아오라고 말씀하셨다. 그러나 그의 백성은 고집스럽게 죄의 길을 걸으며 회개하기를 거부했다.

하나님께서는 그의 백성이 평안한 상태에서는 회개하지 않을 것을 아셨다. 그래서 회개하지 않고 살다가 영원히 멸망하는 것보다, 고통을 당하더라도 회개하고 돌아오는 것을 원하셨기 때문에, 그들이 죄를 깨닫고 회개하고 돌아올 수 있도록 그들에게 징계로 혹독한 재난을 내리신 것이다.

여호와의 말씀이니라
이제 너희가 그 모든 일을 행하였으며
내가 너희에게 말하되 새벽부터 부지런히 말하여도
듣지 아니하였고
너희를 불러도 대답하지 아니하였느니라
그러므로 내가 실로에 행함같이
너희가 신뢰하는 바 내 이름으로 일컬음을 받는 이 집
곧 너희와 너희 조상들에게 준 이곳에 행하겠고
내가 너희 모든 형제 곧 에브라임 온 자손을 쫓아낸 것같이
내 앞에서 너희를 쫓아내리라 하셨다 할지니라
(예레미야 7장 13-15절)

이스라엘 백성을 바벨론 땅으로 쫓아내신 후(렘29:1-4), 하나님께서는 포로로 끌려간 그들에게 자신의 생각을 이렇게 말씀하셨다.

여호와의 말씀이니라
너희를 향한 나의 생각을 내가 아나니
평안이요 재앙이 아니니라
너희에게 미래와 희망을 주는 것이니라
(예레미야 29장 11절)

포로로 끌려간 땅에서 당하는 고통 때문에 너희가 회개하며 내게 돌아오게 된다면, 너희가 지금 당하는 재난은 재앙이 아니라 평안이요 너희에게 미래와 희망을 주는 것이라고 말씀하신 것이다.

바벨론 땅에서 이스라엘 백성이 자기들의 죄를 깨닫고 하나님께 돌아오게 되면, 하나님께서는 그 땅에서 그들을 만나주시고 그들의 기도에 응답하셔서 그들을 다시 고국으로 돌아오게 하시겠다고 약속하셨다.

너희가 내게 부르짖으며 내게 와서 기도하면
내가 너희들의 기도를 들을 것이요

너희가 온 마음으로 나를 구하면 나를 찾을 것이요

나를 만나리라

이것은 여호와의 말씀이라

나는 너희들을 만날 것이며

너희를 포로된 중에서 다시 돌아오게 하되

내가 쫓아 보내었던 나라들과 모든 곳에서 모아

사로잡혀 떠났던 그곳으로 돌아오게 하리라

이것은 여호와의 말씀이니라

(예레미야 29장 12-14절)

여호와의 말씀이니라

그날 그때에

이스라엘 자손이 돌아오며 유다 자손도 함께 돌아오되

그들이 울면서 그 길을 가며

그의 하나님 여호와께 구할 것이며

그들이 그 얼굴을 시온으로 향하여 그 길을 물으며

말하기를 너희는 오라 잊을 수 없는 영원한 언약으로

여호와와 연합하라 하리라

(예레미야 50장 4-5절)

이 사건이 일어나기 약 1천 년 전, 이스라엘 백성이 가나안 땅
에 아직 들어가기 전부터 하나님께서는 그의 백성이 그 땅에서

우상 숭배의 죄를 짓고 결국 그의 징계를 받아 여러 민족 중에 흩어질 것을 모세를 통해 미리 말씀하셨다.

네가 그 땅에서 아들을 낳고 손자를 얻으며 오래 살 때에
만일 스스로 부패하여 무슨 형상의 우상이든지 조각하여
네 하나님 여호와 앞에 악을 행함으로 그의 노를 일으키면
내가 오늘 천지를 불러 증거를 삼노니
너희가 요단을 건너가서 얻는 땅에서 속히 망할 것이라
너희가 거기서 너희 날이 길지 못하고 전멸될 것이니라
여호와께서 너희를 여러 민족 중에 흩으실 것이요
여호와께서 너희를 쫓아 보내실 그 여러 민족 중에
너희의 남은 수가 많지 못할 것이며
너희는 거기서 사람의 손으로 만든 바
보지도 못하며 듣지도 못하며
먹지도 못하며 냄새도 맡지 못하는
목석의 신들을 섬기리라
(신명기 4장 25-28절)

이곳 신명기에서도 하나님께서는 그가 그의 백성을 그렇게 징계하시는 이유는 그들이 죄를 깨닫고 회개하며 그에게 돌아오도록 은혜를 베푸시기 위함임을 말씀하셨다.

173

그러나 네가 거기서 네 하나님 여호와를 찾게 되리니
만일 마음을 다하고 뜻을 다하여 그를 찾으면 만나리라
(신명기 4장 29절)

내가 네게 진술한 모든 복과 저주가 네게 임하므로
네가 네 하나님 여호와로부터 쫓겨간 모든 나라 가운데서
이 일이 마음에서 기억이 나거든
너와 네 자손이 네 하나님 여호와께로 돌아와
내가 오늘 네게 명령한 것을 온전히 따라
마음을 다하고 뜻을 다하여 여호와의 말씀을 청종하면
네 하나님 여호와께서 마음을 돌이키시고
너를 긍휼히 여기사 포로에서 돌아오게 하시되
네 하나님 여호와께서 흩으신 그 모든 백성 중에서
너를 모으시리니
(신명기 30장 1-3절)

이처럼 하나님께서 그의 백성에게 내리시는 징계는 그들이 고통 속에서 죄를 깨닫고 돌아오게 하시려는 그의 전적인 은혜였던 것이다.

그들이 그 죄를 뉘우치고 내 얼굴을 구하기까지
내가 내 곳으로 돌아가리라

그들이 고난받을 때에 나를 간절히 구하리라

(호세아 5장 15절)

징계로 숨은 죄를 드러내시는 하나님의 은혜

하나님의 징계가 죄를 회개하도록 도우시는 은혜라는 관점에서 신구약 성경을 보면, 우리는 성경의 여러 부분을 더 깊이 이해할 수 있게 되는데 특히 욥기가 그렇다.

설교자들은 욥기를 설교할 때 주로 욥기 1-2장에서 본문을 택하여 욥의 신앙, 욥의 고난과 회복, 또는 신정론(theodicy) 등을 주제로 설교를 한다. 그렇다면 욥기 마흔두 장 전체를 통해 하나님께서 주시고자 하신 메시지는 무엇일까?

위에서 살펴보았듯이, 징계가 회개를 돕는 하나님의 은혜라는 관점에서 욥기를 보면, 욥기 전체의 주제는 숨은 죄를 드러내어 회개하게 하시는 하나님의 은혜로 모습을 드러낸다.

욥은, 천사들과 사탄 앞에서 하나님의 칭찬을 들을 만큼, "온전하고 정직하여 하나님을 경외하며 악에서 떠난 자"였다(욥1:6-8).

그런데 뜻밖에도 하나님께서는 그런 욥에게 그의 모든 자녀와 재산과 건강을 잃는 엄청난 재난을 당하도록 허락하셨다(욥 1:9~2:8).

거기에 멈추지 않고, 하나님께서는 그런 큰 고통을 당하는 욥에게 엘리바스, 빌닷, 소발이라는 세 친구를 보내셔서 욥의 의(righteousness)를 집중 공격하게 하심으로써, 그렇지 않아도 엄청난 재난을 당한 욥에게 견딜 수 없는 정신적, 영적 고통을 더하셨다(욥2:9~31:40). 세 친구로부터 이런 공격을 당할 때, 욥은 그것이 하나님께로부터 오는 고통임을 알고 이렇게 부르짖었다.

이러므로 내 마음이 뼈를 깎는 고통을 겪느니
차라리 숨이 막히는 것과 죽는 것을 택하리이다
내가 생명을 싫어하고 영원히 살기를 원하지 아니하오니
나를 놓으소서 내 날이 헛 것이니이다
사람이 무엇이기에
주께서 그를 크게 만드사 그에게 마음을 두시고
아침마다 권징하시며 순간마다 단련하시나이까
(욥기 7장 15-18절)

그가 폭풍으로 나를 치시고 까닭 없이 내 상처를 깊게
하시며

나를 숨 쉬지 못하게 하시며 괴로움을 내게 채우시는구나
(욥기 9장 17-18절)

내가 하나님께 아뢰오리니 나를 정죄하지 마시옵고
무슨 까닭으로 나와 더불어 변론하시는지
내게 알게 하옵소서
주께서 주의 손으로 지으신 것을 학대하시며 멸시하시고
악인의 꾀에 빛을 비추시기를 선히 여기시나이까
(욥기 10장 2-3절)

하나님이 나를 악인에게 넘기시며
행악자의 손에 던지셨구나
내가 평안하더니 그가 나를 꺾으시며
내 목을 잡아 나를 부서뜨리시며
나를 세워 과녁을 삼으시고
그의 화살들이 사방에서 날아와 사정없이 나를 쏨으로
그는 내 콩팥들을 꿰뚫고
그는 내 쓸개가 땅에 흘러나오게 하시는구나
그가 나를 치고 다시 치며 용사같이 내게 달려드시니
내가 굵은 베를 꿰매어 내 피부를 덮고
내 뿔을 티끌에 더럽혔구나
내 얼굴은 울음으로 붉었고

내 눈꺼풀에는 죽음의 그늘이 있구나

그러나 내 손에는 포학이 없고 나의 기도는 정결하니라

(욥기 16장 11-17절)

하나님이 나를 진흙 가운데 던지셨고

나를 티끌과 재 같게 하셨구나

내가 주께 부르짖으나 주께서 대답하지 아니하시오며

내가 섰사오나 주께서 나를 돌아보지 아니하시나이다

주께서 돌이켜 내게 잔혹하게 하시고

힘 있는 손으로 나를 대적하시나이다

(욥기 30장 19-21절)

욥은 자신이 의롭고 정결한데 하나님께로부터 부당하게 징계를 받고 있다고 부르짖었지만, 그의 세 친구들은 그것이 아니라 욥이 죄를 지었기 때문에 그 벌로 이런 재난을 당한다고 집요하게 공격을 가했다(욥4:7-9, 5:17, 8:3-4, 8:11-13, 11:14, 15:5-6, 15:14-16, 19:1-3, 22:4-11).

생각하여 보라 죄 없이 망한 자가 누구인가

정직한 자의 끊어짐이 어디 있는가

내가 보건대 악을 밭 갈고 독을 뿌리는 자는

그대로 거두나니

다 하나님의 입 기운에 멸망하고

그 콧김에 사라지느니라

(욥기 4장 7-9절)

친구들의 이런 비난에 맞서, 욥은 자신이 얼마나 의로운지를 강력하게 변호하며 "자기 의"를 집요하게 내세웠다(욥9:20-21, 10:7, 27:5-6, 29:12-17, 31:16-35).

나는 결코 너희를 옳다 하지 아니하겠고

내가 죽기 전에는 나의 온전함을 버리지 아니할 것이라

내가 내 공의를 굳게 잡고 놓지 아니하리니

내 마음이 나의 생애를 비웃지 아니하리라

(욥기 27장 5-6절)

이는 부르짖는 빈민과 도와줄 자 없는 고아를

내가 건졌음이라

망하게 된 자도 나를 위하여 복을 빌었으며

과부의 마음이 나로 말미암아 기뻐 노래하였느니라

내가 의를 옷으로 삼아 입었으며

나의 정의는 겉옷과 모자 같았느니라

(욥기 29장 12-14절)

하나님께서는 이 과정, 곧 자녀, 재산, 건강을 모두 잃게 하시고, 또 친구들을 보내 논쟁하게 하신 이 모든 과정을 통해서, 욥 속에 깊이 숨어 있던 죄를 드러나게 하셨는데, 그것은 바로 "자기 의"(self-righteousness)에 집착하며 "하나님의 의"(righteousness of God)를 거부하는 죄였다.

침묵하시던 하나님께서 마침내 폭풍우 가운데 나타나, 욥을 책망하신 죄가 바로 그 죄였다.

> 그 때에 여호와께서 폭풍우 가운데에서
> 욥에게 일러 말씀하시되
> 너는 대장부처럼 허리를 묶고
> 내가 네게 묻겠으니 내게 대답할지니라
> 네가 내 공의를 부인하려느냐
> 네 의를 세우려고 나를 악하다 하겠느냐
> (욥기 40장 6-8절)

욥과 세 친구의 논쟁을 지켜보던 넷째 친구 엘리후가 욥에게 화를 내며 지적한 죄도 동일한 죄였다.

> 욥이 자신을 의인으로 여기므로 그 세 사람이 말을 그치니
> 람 종족 부스 사람 바라겔의 아들 엘리후가 화를 내니

그가 욥에게 화를 냄은

욥이 하나님보다 자기가 의롭다 함이요

(욥기 32장 1-2절)

욥이 말하기를

내가 의로우나 하나님이 내 의를 부인하셨고

내가 정당함에도 거짓말쟁이라 하였고

나는 허물이 없으나 화살로 상처를 입었노라 하니

(욥기 34장 5-6절)

두 가지 의가 있다

성경을 보면, 우리가 얻을 수 있는 의(righteousness)는 두 가지가 있다. 첫째, 우리가 율법을 행하여 우리 스스로 얻는 "율법으로 말미암는 의"(롬10:5) 곧 "자기 의"(롬10:3)가 있고, 둘째, 우리가 예수 그리스도를 믿을 때 하나님께서 은혜로 주시는 "믿음으로 말미암는 의"(롬10:6) 곧 "하나님의 의"(롬10:3)가 있다.

사도 바울이 탄식한 것처럼, 그의 동족 이스라엘은 의에 대한 "올바른 지식"을 갖지 못했다. 그래서 그들은, 욥처럼, 믿을 때 은혜로 주시는 "하나님의 의"를 거부하고, 율법을 행함으로 얻는 "자기 의"에 집착하면서 고집스럽게 멸망의 길을 걸어갔다.

형제들아 내 마음에 원하는 바와 하나님께 구하는 바는
이스라엘을 위함이니
곧 그들로 구원을 받게 함이라
내가 증언하노니 그들이 하나님께 열심이 있으나
올바른 지식을 따른 것이 아니니라
하나님의 의를 모르고 **자기 의**를 세우려고
힘써 **하나님의 의**에 복종하지 아니하였느니라
(로마서 10장 1-3절)

문제는 율법을 행함으로 얻는 의, 곧 "자기 의"로는 우리가 구원을 받을 수 없다는 것에 있다.

그러므로 율법의 행위로
그의 앞에 의롭다 하심을 얻을 육체가 없나니
율법으로는 죄를 깨달음이니라
(로마서 3장 20절)

그래서 하나님께서는 우리 죄인들을 구원하시기 위해 그의 아들을 세상에 보내셔서 "율법의 마침"이 되게 하심으로 다른 의를 준비하셨는데, 그 의가 바로 그의 아들을 믿는 모든 자에

게 은혜로 주시는 "믿음으로 말미암는 의", 곧 "하나님의 의"다.

그리스도는 모든 믿는 자에게 의를 이루기 위하여
율법의 마침이 되시니라
(로마서 10장 4절)

이제는 율법 외에 하나님의 한 의가 나타났으니
율법과 선지자들에게 증거를 받은 것이라
곧 예수 그리스도를 믿음으로 말미암아
모든 믿는 자에게 미치는 **하나님의 의**니 차별이 없느니라
모든 사람이 죄를 범하였으매
하나님의 영광에 이르지 못하더니
그리스도 예수 안에 있는 속량으로 말미암아
하나님의 은혜로 값없이 의롭다 하심을 얻은 자 되었느니라
(로마서 3장 21-24절)

하나님께서 책망하시고 엘리후가 지적했듯이, 욥이 붙잡은 의는 이스라엘 백성처럼 "하나님의 의"가 아니라 "자기 의"였다. 욥의 변론, 특히 욥기 29장 11-25절과 31장 1-40절을 읽어보라. 욥은 "자기 의"를 쌓기 위해, 자신이 얼마나 열심히 가난한 자들을 돕고 죄악을 멀리하며 율법을 성실히 지켰는지를 구구절절이 나열하고 있다.

율법을 행함으로 얻는 "자기 의"는 귀한 것이다. 그러나 문제는 그 의가 우리 죄인들을 구원하기에 충분하지 못하다는 것에 있다. 그래서 하나님께서는 다른 의를 준비하셨는데, 그것은 바로 "율법으로 말미암는 의"를 온전히 성취하심으로써 "율법의 마침"이 되신 예수 그리스도를 믿을 때 은혜로 덧입혀주시는 "하나님의 의"이다(롬3:21-24).

예수님께서는 산상수훈에서 우리의 의가 서기관과 바리새인의 의보다 더 낫지 못하면 결코 천국에 들어가지 못하리라고 말씀하셨다.

내가 너희에게 이르노니
너희 의가 서기관과 바리새인보다 더 낫지 못하면
결코 천국에 들어가지 못하리라
(마태복음 5장 20절)

그렇다면 우리가 바리새인보다 율법을 더 열심히 지켜서 그들보다 더 나은 "자기 의"를 획득해야 한다는 말씀인가? 아니다. 그렇게 해서 우리가 바리새인보다 더 나은 "자기 의"를 얻는다 하더라도, 그 의는 여전히 우리를 천국에 들여보내기에 충분하지 않기 때문이다.

예수님께서 여기서 말씀하신 바리새인의 의보다 더 나은 의는 우리가 율법을 지킴으로 얻는 "자기 의"가 아니라 믿을 때 은혜로 주시는 "하나님의 의"를 가리킨다. 예수님께서는 "자기 의"보다 더 나은 의, 곧 믿을 때 은혜로 주시는 "하나님의 의"를 통해서만 우리가 천국에 들어갈 수 있다는 사실을 강조하여 말씀하신 것이다. 율법을 지킴으로 얻는 "자기 의"는 구원과 상관없이 오직 상급에 관련할 뿐이다.

욥기를 보면, 욥은 율법을 지킴으로 얻는 "자기 의"에 있어서 바리새인 이상으로 탁월하였지만, 욥은, 바리새인과 이스라엘 백성이 그랬던 것처럼, 그렇게 쌓은 "자기 의"에 집착하면서 은혜로 주시는 하나님의 의를 부인하는 죄를 범하고 있었다. 그래서 하나님께서는 바로 그 죄를 드러내어 회개시키기 위해, 그렇게 여러 재난을 당하게 하신 것이다.

하나님의 징계를 통해 욥은 결국 자기 속에 깊이 숨어 있던 죄를 깨닫게 된다. 그래서 결국 자기 죄를 회개하고 하나님께 돌아오게 된다.

무지한 말로 이치를 가리는 자가 누구니이까
나는 깨닫지도 못한 일을 말하였고
스스로 알 수도 없고 헤아리기도 어려운 일을 말하였나이다

185

*그러므로 내가 스스로 거두어들이고
티끌과 재 가운데에서 **회개**하나이다*
(욥기 42장 3, 6절)

이 회개를 이끌어내기 위해 하나님께서는 그렇게 혹독한 재난을 욥에게 쏟아부으셨던 것이다.

자신이 율법을 지킴으로 얻은 "자기 의"에 집착하면서 "하나님의 의"를 거부하는 죄는 교만의 한 종류로, 욥에게 그랬던 것처럼 매우 심한 고난과 강한 책망을 받지 않으면, 도저히 깨닫기도 힘들고 회개하기도 힘든 아주 미묘한 죄에 속한다.

욥처럼, 오늘날 교회 안에도 자신이 쌓은 "자기 의"를 자랑하면서 은혜로 주시는 "하나님의 의"를 무시하는 사람들이 의외로 많다. 특히 욥과 바리새인들처럼 하나님 앞에서 경건하게 살려고 노력하는 사람들, 곧 교회 지도자들 중에 그런 사람들이 많다.

여러분이 욥처럼 신앙생활을 성실히 함에도 불구하고 여러분에게 고난이 많다면, 여러분도 욥처럼 "하나님의 의"를 무시하면서 여러분이 쌓은 "자기 의"에 집착하고 있지 않은지를 꼭 살펴봐야 한다.

고난을 당하는 자가 있는가?

모든 고난이 죄 때문에 오는 것은 아니다. 하나님께서는 신앙의 성숙을 위해서도 그의 자녀들에게 고난을 허락하실 때가 있기 때문이다. 그러나 신자들이 당하는 고난 중에는 하나님께서 죄를 회개하도록 은혜로 내리는 징계도 있음을 알아야 한다.

또 아들들에게 권하는 것같이
너희에게 권면하신 말씀도 잊었도다 일렀으되
내 아들아 주의 징계하심을 경히 여기지 말며
그에게 꾸지람을 받을 때에 낙심하지 말라
주께서 그 사랑하시는 자를 징계하시고
주가 받아들이시는 아들마다 채찍질하심이라 하였으니
너희가 참음은 징계를 받기 위함이라
하나님이 아들과 같이 너희를 대우하시나니
어찌 아버지가 징계하지 않는 아들이 있으리요
징계는 다 받는 것이거늘
너희에게 없으면 사생자요 친아들이 아니니라
(히브리서 12장 5-8절)

오늘날도 신자들 중에 고난을 당하는 분들이 많다. 지금 여러분이 고난 중에 있다면, 기도하라.

너희 중에 고난 당하는 자가 있느냐
그는 기도할 것이요
(야고보서 5장 13절 상반절)

기도하면서, 하나님 아버지께 내가 당하는 고난이 왜 왔는지를 여쭈어보라. 믿음의 성숙을 위한 고난이면, 인내로 헤쳐 나가라(약1:2-4). 믿음이 성숙 되어 가면서 하나님의 더 크고 깊은 사랑을 맛보게 될 것이다. 그러나 내가 지은 죄를 깨닫게 하시기 위한 징계이면, 죄를 시인하고 회개하라.

욥에게 그랬던 것처럼 고난이 오되 쉴 새 없이 몰아쳐 오면(욥 7:15-18, 9:17-18), 욥처럼 나에게도 깊이 숨은 죄, 특히 "자기 의"를 고집하며 "하나님의 의"를 거부하는 죄가 있지 않은지를 살피라. 만일 내가 쌓은 "자기 의" 때문에 "하나님의 의"를 거부하고 있는 내 모습을 발견한다면, 욥처럼 회개하라. 욥에게 그랬던 것처럼 고난이 물러가고 이전보다 더 큰 은혜가 임할 것이다 (욥42:10-17).

하나님께서 세상 사람들은 그대로 놔두시면서 그의 자녀인 우리는 왜 이렇게 시시때때로 징계하시는지 그 이유를 아는가? 그 이유는 우리로 죄 사함을 미리 받게 하셔서 최후의 심판 날에 우리가 "세상과 함께 정죄함을 받지 않게 하려" 하시는 하나님의 은혜임을 알아야 한다.

우리가 판단을 받는 것은 주께 징계를 받는 것이니
이는 우리로 세상과 함께
정죄함을 받지 않게 하려 하심이라
(고린도전서 11장 32절)

회개의 길이 되신 예수 그리스도

초대교회 시절에는 예수 그리스도를 믿는 신앙을 "도"(길, Way)라고 칭했다.

사울이 주의 제자들에 대하여
여전히 위협과 살기가 등등하여 대제사장에게 가서
다메섹 여러 회당에 가져갈 공문을 청하니
이는 만일 그 도를 따르는 사람을 만나면
남녀를 막론하고 결박하여
예루살렘으로 잡아오려 함이라
(사도행전 9장 1-2절)

그때쯤 되어 이 도로 말미암아 적지 않은 소동이 있었으니

(사도행전 19장 23절)

내가 이 도를 박해하여 사람을 죽이기까지 하고

남녀를 결박하여 옥에 넘겼노니

(사도행전 22장 4절)

그러나 이것을 당신께 고백하리이다

나는 그들이 이단이라 하는 도를 따라

조상의 하나님을 섬기고

율법과 선지자들의 글에 기록된 것을 다 믿으며

(사도행전 24장 14절)

그렇다면 예수님을 믿는 신앙을 왜 길이라고 불렀을까? 여러 이유가 있겠지만, 가장 근본적인 이유는 예수님께서 죄인인 우리가 하나님께로 돌아가는 길, 곧 "회개의 길"이 되셨기 때문이다.

여러분은 죄를 깨닫고 회개하며 하나님께 돌아왔는가? 그렇다면 어떤 길로 돌아왔는가? 그 길은 바로 예수 그리스도이시다. 죄 사함과 구원을 받은 우리는 모두 예수 그리스도라는 길을 통해 하나님께 돌아왔다. 하나님께 돌아오는 다른 길은 없

기 때문이다.

> 예수께서 이르시되 내가 곧 길이요 진리요 생명이니
> 나로 말미암지 않고는 아버지께로 올 자가 없느니라
> (요한복음 14장 6절)

예수님은 우리가 하나님께 돌아오는 길을 만들기 위해, 우리 죄를 대신 지고 십자가에 피를 흘려 죽으셨다.

여러분 중에 아직 하나님께 돌아오지 않은 분이 있다면, 지금까지 살아온 죄의 삶을 청산하고 창조주 하나님께로 돌아오되, 회개의 길이 되어주신 예수 그리스도를 통해 돌아오라. 예수 그리스도 외에 죄 사함과 구원을 받을 수 있는 다른 길은 없다.

> 다른 이로써는 구원을 받을 수 없나니
> 천하 사람 중에 구원을 받을 만한 다른 이름을
> 우리에게 주신 일이 없음이라 하였더라
> (사도행전 4장 12절)

SALVATION
WITHOUT
REPENTANCE

7장

회개하라

7장
회개하라

신정론에 대한 답

창조 이래 인류가 가장 많이 생각하고 또한 가장 많이 거론해 온 질문은 아마도 "하나님이 계시다면, 왜 그가 창조한 세상에 악과 고통이 존재하냐"는 질문일 것이다. 이에 대한 답을 찾으려는 철학적 시도를 신정론(神正論, Theodicy)이라고 한다.

세상 철학자들은 신정론, 곧 악의 문제(Problem of Evil)와 고통의 문제(Problem of Suffering)를 제기하며, 성경이 말하는 전능하고 동시에 선하신 창조주 하나님은 존재하지 않는다고 주장한다. 그들의 논리는 이렇다.

첫째, 전능하고 선하신 하나님이 실존하신다면,
        그가 창조한 세상에 악과 고통이 없어야 한다.
둘째, 그런데 세상에는 악과 고통이 실재한다.
셋째, 그러므로 전능하고 선하신 하나님은
        존재하지 않는다.

다시 말하면, 악과 고통이 세상에 존재하기 때문에, 전능하지만 선하시지는 않아서 악과 고통을 허락하는 하나님은 존재할 수 있고, 또한 선하지만 전능하시지는 못해서 악과 고통을 다 막을 수는 없는 하나님은 존재할 수 있지만, 성경이 말하는 전능하며 동시에 선하신 하나님은 존재할 수 없다는 주장이다.

신정론에 불을 붙인 역사적 사건은 독일 나치 정권이 강제수용소에서 6백만 명의 유대인을 학살한 홀로코스트(Holocaust)였다. 수많은 사람들이 "이들이 독가스를 마시며 고통스럽게 죽어갈 때 하나님은 어디 계셨냐"고 질문하면서, 하나님을 부인하고 돌아섰다. 이런 악과 고통이 일어난 것을 보면, 전능하며 선하신 하나님은 존재하시지 않는다고 판단했기 때문이다.

웨스트민스터 신학교를 비롯한 보수 신학계에서는 세상에 악과 고통이 존재함에도 불구하고 전능하고 선하신 하나님은 존재하실 수 있다는 사실을 입증하려고 많은 변증학적 노력을 기울여 왔지만, 세상을 크게 설득하지는 못했다. 그런데 성경으로 돌아가 보면, 신정론, 곧 악과 고통의 문제를 쉽게 정리해 주신 분이 계신데 바로 예수님이시다.

예수님의 공생애 당시에도 악과 고통의 문제는 쉴 새 없이 일어나고 있었다. 예를 들면, 당시 유대 총독 빌라도는 갈릴리 사람들을 죽여서 그들의 피를 자기 신께 드리는 제물에 섞는 악을 저질렀고, 또한 실로암 연못에 망대가 무너져서 18명의 사람이 깔려 죽는 고통이 발생했다.

이런 사건을 대할 때 오늘날 철학자들은 신정론을 제기하며 하나님의 존재를 의심하겠지만, 당시 사람들은 빌라도에게 희생된 사람들이나 망대가 무너져 죽은 18명이 자기들보다 죄가 더 많아서 그런 악과 고통을 당한 것으로 생각했다. 이에 대하여 예수님께서는 세상에 이런 악과 고통이 일어나는 이유는 그들뿐 아니라 모든 사람이 다 예외 없이 똑같이 죄를 짓기 때문이며, 그래서 누구든지 자기 죄를 회개하지 아니하면 다 그와 같이 망할 것이라고 말씀하셨다.

그때 마침 두어 사람이 와서
빌라도가 어떤 갈릴리 사람들의 피를
그들의 제물에 섞은 일로 예수께 아뢰니

대답하여 이르시되

너희는 이 갈릴리 사람들이 이같이 해 받으므로

다른 모든 갈릴리 사람보다 죄가 더 있는 줄 아느냐

너희에게 이르노니 아니라

너희도 만일 회개하지 아니하면

다 이와 같이 망하리라

또 실로암에서 망대가 무너져 치어 죽은 열여덟 사람이

예루살렘에 거한 다른 모든 사람보다

죄가 더 있는 줄 아느냐

너희에게 이르노니 아니라

너희도 만일 회개하지 아니하면

다 이와 같이 망하리라

(누가복음 13장 1-5절)

오늘날도 세상에는 악과 고통이 범람하고 있다. 예수님의 말씀에 의하면, 세상에 악과 고통이 쉴 새 없이 일어나는 이유는, 하나님께서 전능하시지 못하거나 또는 선하시지 않으셔서 그런 것이 아니라, 우리가 모두 하나님을 향해 그리고 서로를 향해 죄를 짓고 있기 때문이다.

신정론의 관점에서 예수님의 가르침을 정리하면, 첫째, 세상에 악과 고통이 일어나는 이유는 인류가 보편적으로 죄를 짓기 때문이다. 둘째, 하나님께서는 죄와 죄로 인해 발생하는 모든 악과 고통의 문제들을 궁극적으로 심판으로 해결하신다. 셋째, 그러므로 세상에 악과 고통을 일으키는 죄인의 한 사람으로서 나도 회개하지 아니하면 하나님의 심판을 받아 망할 수밖에 없다.

오늘날 세상에 범람하는 악과 고통에서 벗어나기를 진정으로 원하는가? 그렇다면 예수님께서 말씀하신 대로, 세상의 모든 악과 고통의 문제는 죄라는 수도꼭지로부터 쏟아져나온다는 사실을 깨닫고, 나도 또한 그 악과 고통에 일조하고 있는 죄인임을 인정하면서, 회개를 해야 한다. 내 죄를 "회개하지 아니하면", 빌라도의 악에 희생된 갈릴리 사람들처럼 그리고 실로암 망대가 무너져 죽은 18명처럼, 나도 내 죄로 인하여 결국 그와 같이 망할 수밖에 없기 때문이다.

회개의 네 단계를 함께 걷자

앞서 살펴본 것처럼, 성경은 예수님께서 전하신 복음을 "천국 복음"으로 부른다.

예수께서 온 갈릴리에 두루 다니사
그들의 회당에서 가르치시며

천국 복음을 전파하시며
백성 중의 모든 병과 모든 약한 것을 고치시니
(마태복음 4장 23절)

누가복음에서는 "천국 복음"을 동일한 의미인 "하나님 나라의 복음"으로 부른다.

율법과 선지자는 요한의 때까지요
그 후부터는
하나님 나라의 복음이 전파되어
사람마다 그리로 침입하느니라
(누가복음 16장 16절)

위의 구절을 풀어 설명하면, "율법과 선지자는 요한의 때까지요" ⇨ 구약 시대는 세례 요한의 때로 끝나며, "그 후부터는" ⇨ 예수 그리스도의 때부터는, "하나님 나라의 복음" 곧 천국 복음이 전파되고 있는데, 이 복음을 들은 사람들은 "그리로" ⇨ 천국으로 "침입"하여 들어가느니라는 말씀이다.

그렇다면 우리가 천국으로 침입해 들어가야 하는데, 그 방법은 무엇인가? 바로 회개다. 예수님께서 천국은 회개를 통해서 들어간다고 말씀하셨기 때문이다.

이때로부터 예수께서 비로소 전파하여 이르시되
회개하라 천국이 가까이 왔느니라 하시더라
(마태복음 4장 17절)

정리하면, 누가복음 16장 16절은 왕이신 메시야가 오심으로
천국이 가까이 다가왔는데, 이 나라의 백성이 되려면 가만히
앉아서 기다리지 말고 회개를 통해 적극적으로 침입하여 들어
가라는 말씀이다.

"하나님의 나라" 곧 천국이 가까이 왔다. 만왕의 왕 예수님께
서 직접 다스리시는 천국의 백성이 되기를 원하는가?

요한이 잡힌 후
예수께서 갈릴리에 오셔서
하나님의 복음을 전파하여
이르시되 때가 찼고
하나님의 나라가 가까이 왔으니
회개하고 복음을 믿으라 하시더라
(마가복음 1장 14-15절)

예수님께서 선포하신 "천국 복음"을 믿고, 이제 천국으로 침입
해 들어가기 위해, 회개의 네 단계를 하나 하나 함께 밟아보자.

회개의 첫 단계: 내가 죄인임을 깨달으라

탕자처럼 나는 내 죄를 깨달았는가? 나는 내가 죄인임을 하나님 앞에서 솔직하게 인정하는가?

사기죄, 강간죄, 살인죄 같은 죄를 짓지 않았기 때문에 나는 죄인이 아니라고 생각하는가? 아니다. 탕자가 아버지를 버리고 떠나서 자기 욕망대로 산 것이 죄인 것처럼, 내가 "생수의 근원"이신 하나님을 버리고 떠나서 내가 내 삶의 왕이 되어 스스로 웅덩이를 파며 산 것이 바로 죄의 근본이다.

내 백성이 두 가지 악을 행하였나니
곧 그들이 생수의 근원되는 **나를 버린** 것과
스스로 웅덩이를 판 것인데
그것은 그 물을 가두지 못할 터진 웅덩이들이니라
(예레미야 2장 13절)

만일 내가 하나님의 심판을 받아 지옥에 갈 죄인이라는 사실이 믿어지지 않으면, 먼저 성경을 읽으라. 성경을 날마다 읽으면서 하나님의 말씀에 나 자신을 비추어보라.

그리고 그 말씀을 붙잡고 하나님 앞에 나가 무릎을 꿇고 기도하라. 보혜사 성령이 임하셔서 내가 하나님 앞에서 얼마나 더 럽고 추한 죄인인지를 보여주실 것이다.

그러나 내가 너희에게 실상을 말하노니
내가 떠나가는 것이 너희에게 유익이라
내가 떠나가지 아니하면
보혜사가 너희에게로 오시지 아니할 것이요
가면 내가 그를 너희에게로 보내리니
그가 와서 죄에 대하여, 의에 대하여, 심판에 대하여
세상을 책망하시리라
(요한복음 16장 7-8절)

성경을 읽으면서 진심으로 기도하면, 하나님의 아들이 왜 이 세상에 오셨는지, 그리고 왜 그토록 참혹한 죽음을 죽으셨는지, 그 이유가 바로 내 죄 때문이었음을 깨닫게 해주실 것이다.

회개의 둘째 단계: 죄를 청산하고 하나님께 돌아오라

내가 죄인임을 깨달았다면, 이제 죄의 삶을 버리고 하나님께 돌아오라.

너희는 여호와를 만날 만한 때에 찾으라
가까이 계신 때에 그를 부르라
악인은 그의 길을, 불의한 자는 그의 생각을 버리고
여호와께로 돌아오라
그리하면 그가 긍휼히 여기시리라
우리 하나님께로 돌아오라
그가 너그럽게 용서하시리라
(이사야 55장 6-7절)

내가 죄인임을 깨달았더라도, 내가 죄의 삶을 청산하고 하나님께 돌아오지 않았으면, 가룟 유다처럼 나는 아직 회개한 사람이 아니다.

하나님을 떠나 내 욕망대로 자기애(self-love), 돈, 쾌락, 음란, 탐욕, 교만, 위선 등에 젖어 살던 삶을 청산하라(딤후3:1-5). 그리고 창조주 하나님을 두려워할 줄 모르고 함부로 말하던 혀의 습관을 끊어내라.

폭삭 망하지 않으면, 죄의 삶을 청산하고 하나님께 돌아가는 것이 결코 쉽지 않다. 죄의 삶을 청산하는 것이, 예수님께서 말씀하신 것처럼, 한 눈을 뽑아내는 것처럼 고통스럽기 때문이다. 그러나 그 아픔이 아무리 커도 지옥에 들어가서 영원히 당할 고통과는 비교가 되지 않는다(마5:29-30, 계21:8).

너무 아프면, 내가 하나님께 돌아가는 길을 만들기 위해 내 죄를 지고 나를 대신하여 죽으신 예수 그리스도의 십자가를 바라보라. 죄를 청산하고 하나님께 돌아갈 힘을 얻게 될 것이다.

죄의 습관들을 하나 하나 끊어내고, 어둠 속에서 죄를 즐기던 삶을 뒤로 하고, 이제 나를 기다리시는 창조주 하나님께 돌아오라.

회개의 셋째 단계: 하나님께 내 죄를 자복하라

죄의 삶을 청산하고 하나님께 돌아왔다면, 이제 하나님 앞에 무릎을 꿇으라. 그리고 하나님을 떠나 내가 내 삶의 왕이 되어 욕망대로 살았던 죄를 하나 하나 자복하라.

죄를 깨닫고 돌아왔을 때, 하나님께서는 내가 내 입을 열어 내 죄를 자복하기를 원하신다.

내가 입을 열지 아니할 때에
종일 신음하므로 내 뼈가 쇠하였도다

주의 손이 주야로 나를 누르시오니

내 진액이 빠져서 여름 가뭄에 마름 같이 되었나이다

내가 이르기를 내 허물을 여호와께 자복하리라 하고

주께 내 죄를 아뢰고

내 죄를 숨기지 아니하였더니

곧 주께서 내 죄악을 사하셨나이다

(시편 32편 3-5절)

하나님께 내 죄를 자복해야 하는 이유는, 위의 시편에서 다윗이 고백한 것처럼, 그것을 하나님께서 요구하시기 때문이며, 또한 내가 자백할 때 내 죄를 용서하시기 때문이다.

만일 우리가 우리 죄를 자백하면

그는 미쁘시고 의로우사 우리 죄를 사하시며

우리를 모든 불의에서 깨끗하게 하실 것이요

(요한일서 1장 9절)

웨스트민스터 신앙고백 15장 6조도 "모든 사람은 자기의 죄를 하나님께 사적으로 고백해야 하며, 그 죄의 용서를 간구해야 한다"고 가르치고 있다.

하나님께 지은 죄 뿐 아니라, 사람들, 곧 부모, 남편이나 아내,

자녀, 동료, 이웃에게 지은 죄들도 하나 하나 모두 하나님께 자백하라. 왜냐하면 사람들에게 지은 죄도 모두 우선적으로 하나님께 지은 죄이기 때문이다.

예를 들어, 다윗 왕은 밧세바와 간통하는 죄를 범하고 또 그 죄를 감추기 위해 그의 남편 우리아를 살해하는 죄를 저질렀다. 세상 형법이나 사람들은 여기서 당연히 다윗이 하나님과 상관없이 우리아에게 죄를 지었다고 판단할 것이다. 그러나 나단 선지자를 보내 하나님께서 하신 말씀은 다르다. 하나님께서는 다윗이 우리아 앞서 먼저 자신에게 죄를 범했다고 말씀하셨다.

그러한데 어찌하여 네가 **여호와의 말씀을 업신여기고**
나 보기에 악을 행하였느냐
네가 칼로 헷 사람 우리아를 치되 암몬 자손의 칼로 죽이고
그의 아내를 빼앗아 네 아내로 삼았도다
이제 **네가 나를 업신여기고**
헷 사람 우리아의 아내를 빼앗아 네 아내로 삼았은즉
칼이 네 집에서 영원토록 떠나지 아니하리라 하셨고
(사무엘하 12장 9-10절)

나단 선지자를 통해 책망을 들은 다윗은 즉시 자신이 하나님께 죄를 범했음을 인정하였다.

다윗이 나단에게 이르되 내가 여호와께 죄를 범하였노라
(사무엘하 12장 13절 상반절)

그리고 그 후 회개하며 지은 시편에서도 다윗은 자신이 하나님께 죄를 지었다고 고백을 하였다.

내가 **주께만 범죄하여**
주의 목전에 악을 행하였사오니
(시편 51편 4절 상반절)

여기서 다윗은 자신이 오직 "주께만 범죄"했다고 고백했는데, 이것은 사람에게 범한 죄라도 실제로는 모두 먼저 하나님께 범한 죄임을 강조하여 말한 것이다.

보디발의 아내의 유혹을 받았을 때, 만일 요셉이 유혹에 넘어가 간통죄를 범했다면, 그 죄는 보디발이 아니라 그에 앞서 하나님께 먼저 죄를 짓는 것임을 요셉은 알고 있었다.

이 집에는 나보다 큰 이가 없으며
주인이 아무것도 내게 금하지 아니하였어도
금한 것은 당신뿐이니 당신은 그의 아내임이라
그런즉 내가 어찌 이 큰 악을 행하여

하나님께 죄를 지으리이까

(창세기 39장 9절)

그래서 탕자의 비유에서도 둘째 아들은 자기가 아버지께 죄를 지었지만, 아버지에 앞서 "하늘" 곧 하나님께 먼저 죄를 지었음을 고백한 것이다.

아들이 이르되
아버지 내가 **하늘과 아버지께** 죄를 지었사오니
(누가복음 15장 21절 상반절)

그렇다면 사람에게 지은 죄가 왜 하나님께 지은 죄가 되는가? 그 이유는 첫째, 하나님께서 모든 사람의 창조자(Maker)이실 뿐 아니라 소유주(Owner)이시기 때문이다.

다른 사람의 피를 흘리면 그 사람의 피도 흘릴 것이니
이는 하나님이 자기 형상대로 사람을 지으셨음이니라
(창세기 9장 6절)

땅과 거기에 충만한 것과 세계와
그 가운데 사는 자들은 다 여호와의 것이로다
(시편 24편 1절)

둘째, 하나님께서는 만민을 통치하시는 영원한 왕이시고 최고 재판장이실 뿐 아니라 또한 우주와 인류의 최고 법을 세우신 입법자이시기 때문이다.

오직 여호와는 참 하나님이시요 살아계신 하나님이시요
영원한 왕이시라
(예레미야 10장 10절 상반절)

입법자와 재판관은 오직 한 분이시니
능히 구원하기도 하시며 멸하기도 하시느니라
(야고보서 4장 12절 상반절)

다윗이 그의 아내와 간통하고 또 그를 죽이는 죄를 우리아에게 범했지만, 그에 앞서 다윗은 간음하지 말고 살인하지 말라는 법을 만드신 "입법자" 하나님께 먼저 죄를 지은 것이다.

살인하지 말라
간음하지 말라
(출애굽기 20장 13-14절)

속건제(Guilt Offering)를 통해서도 우리는 이 진리를 발견할 수 있다. 속건제의 규례를 보면, 우리가 사람에게 죄를 범하면 우리는 그 사람에게 반드시 용서를 구하며 손해를 보상해야 한다 (레6:1-5). 그러나 거기서 끝나면 안 된다. 그것이 비록 사람에게 지은 죄라도, 그는 먼저 하나님께 죄를 지은 것이기 때문에, 반드시 여호와께 나아가 속건제물을 드리고 하나님께로부터 죄사함을 받아야 한다.

> 그는 또 그 속건제물을 여호와께 가져갈지니
> 곧 네가 지정한 가치대로 양 떼 중 흠 없는 숫양을
> 속건제물을 위하여 제사장에게로 끌고 갈 것이요
> 제사장은 여호와 앞에서 그를 위하여 속죄한즉
> 그는 무슨 허물이든지 사함을 받으리라
> (레위기 6장 6-7절)

이와 같이 사람에게 지은 죄라도 모든 죄는 왕이요 입법자요 재판장이신 하나님의 법에 불순종함으로 하나님께 지은 것이다.

그러므로 내가 지은 죄를 자백하되, 하나님께 지은 죄도 하나님께 고백하고, 또한 사람들에게 지은 죄도 하나님께 하나 하나 고백하라.

회개의 넷째 단계: 하나님을 모시고 살라

회개의 셋째 단계까지 끝냈다면, 이제 여러분은 "새 언약"에 따라 여러분의 모든 죄가 예수 그리스도의 피로 사함을 받았다 (렘31:31-34, 눅22:20, 24:47, 요일1:7-9). 이제 마지막 단계로 하나님을 모시고 살라.

그렇다면 넷째 단계, 곧 하나님을 모시고 사는 삶은 어떻게 시작되는가?

회개의 첫째, 둘째, 셋째 단계를 밟은 사람들을 위해 하나님께서 준비하신 넷째 단계에 들어가는 구체적인 방법은 그의 아들 예수 그리스도를 나의 주(Lord, 왕)로 영접하는 것이다. 그리하면 그 순간 내가 성령을 통해 하나님의 자녀로 거듭나고, 동시에 내가 하나님의 자녀로 하나님을 아버지로 모시고 사는 삶이 시작된다.

영접하는 자
곧 그 이름을 믿는 자들에게는
하나님의 자녀가 되는 권세를 주셨으니
이는 혈통으로나 육정으로나 사람의 뜻으로 나지 아니하고
오직 하나님께로부터 난 자들이니라
(요한복음 1장 12-13절)

내가 스스로 왕이 되어 살던 죄를 회개했는가? 그렇다면 이 제부터 내 삶을 다스릴 왕으로 예수 그리스도를 영접하라. 그 리하면 하나님을 모시고 사는 삶이 시작된다.

그렇다면 예수님을 영접하는 방법은 무엇인가? 성경을 따라 이렇게 하라. 첫째, 하나님의 아들 예수 그리스도께서 내 죄를 대신 지고 죽으시고 부활하신 역사적 사건을 마음으로 믿으라. 둘째, 이제부터는 내가 아니라 예수님께서 나의 주(Lord, 왕)가 되셨음을 내 입으로 시인하라. 마지막으로, 마음 문을 두드리고 계신 예수님을 모시어 들이라. 그리하면 나는 하나님의 자녀로 거듭나고, 동시에 그가 들어오셔서 나와 함께 살면서 하나님을 아버지로 모시고 사는 삶이 시작된다.

네가 만일 네 입으로 예수를 주(Lord)로 시인하며
또 하나님께서 그를 죽은 자 가운데서 살리신 것을
네 마음에 믿으면
구원을 받으리라
사람이 마음으로 믿어 의에 이르고
입으로 시인하여 구원에 이르느니라
(로마서 10장 9-10절)

볼지어다 내가 문밖에 서서 두드리노니
누구든지 내 음성을 듣고 문을 열면
내가 그에게로 들어가 그와 더불어 먹고
그는 나와 더불어 먹으리라
(요한계시록 3장 20절)

여러분이 스스로 왕이 되어 살던 죄를 진심으로 회개하였고, 마지막 단계로 하나님을 아버지로 모시고 살기 위해, 우리의 유일한 구주(Savior)이며 주님(Lord)이요 왕(King)이신 예수님을 믿음으로 영접했다면, 성경에 약속된 대로 여러분에게는 이미 놀라운 변화가 시작되었다.

회개를 통해 여러분은 지금까지 지은 모든 죄를 예수 그리스도의 피로 사함 받았다. 그리고 이제 예수님을 영접함으로, 여러분은 놀랍게도 하나님의 자녀로 거듭나서 이제 하나님을 아버지로 모시고 사는 삶이 시작되었다.

하나님께서는 또한 여러분이 받은 구원을 여러분이 스스로 확증할 수 있도록, 구원의 보증으로 성령을 내주하게 하셔서 여러분을 천국 백성으로 인쳐 주셨다.

그 안에서 너희도 진리의 말씀

곧 너희의 구원의 복음을 듣고

그 안에서 또한 믿어

약속의 성령으로 인치심을 받았으니

이는 우리 기업의 보증이 되사

그 얻으신 것을 속량하시고

그의 영광을 찬송하게 하려 하심이라

(에베소서 1장 13-14절)

조직신학에서 말하는 구원의 순서(ordo salutis, Order of Salvation) 아홉 단계, 곧 소명(Calling), 중생(Regeneration), 회심(Conversion), 신앙(Faith), 칭의(Justification), 입양(Adoption), 성화(Sanctification), 견인(Perseverance), 영화(Glorification)로 설명하면, 여러분은 회개의 네 단계를 걸으면서 "소명", "중생", "회심", "신앙", "칭의", "입양"까지 여섯 단계를 통과한 것이다.

이제 여러분이 걸어가는 길은 7단계 "성화"이다. 이제부터는 스스로 왕이 되어 욕망대로 살지 말고, 내가 나의 왕으로 모신 예수님께 하루 하루 복종하며 살라. 그리고 때로 욕망에 져서 불순종의 죄를 지을 때는 "반복하는 회개"를 하라. 이렇게 "복종의 삶"과 "회개의 삶"을 살며 성화의 길을 걸어가면, 예수님께서 내 마음과 삶을 다스리셔서 이 땅에서도 천국을 맛보며 살게 될 것이다.

여러분 안에 내주하고 계신 성령께서 늘 도우시고 인도하셔서(요14:26), 여러분이 끝까지 믿음과 구원을 지켜 8단계 "견인"을 이루게 하시고, 마지막 날에 마침내 9단계 "영화"에 들어가게 하실 것이다.

아버지께 복종하며 즐겁게 살라

탕자가 아버지께 고백한 것처럼 하나님께서 우리를 천국에 품꾼으로만 받아주셔도 우리는 무한히 감사하겠지만, 하나님께서는 여러분을 종이 아니라 그의 자녀로 입양하셨다.

내가 일어나 아버지께 가서 이르기를
아버지 내가 하늘과 아버지께 죄를 지었사오니
지금부터는
아버지의 아들이라 일컬음을 감당하지 못하겠나이다
나를 품꾼의 하나로 보소서 하리라 하고
(누가복음 15장 18-19절)

이 내 아들은 죽었다가 다시 살아났으며

내가 잃었다가 다시 얻었노라 하니

그들이 즐거워하더라

(누가복음 15장 24절)

너희는 다시 무서워하는 종의 영을 받지 아니하고

양자(adoption, 입양)의 영을 받았으므로

우리가 아빠 아버지라 부르짖느니라

성령이 친히 우리의 영과 더불어

우리가 하나님의 자녀인 것을 증언하시나니

자녀이면 또한 상속자 곧 하나님의 상속자요

그리스도와 함께 한 상속자니

우리가 그와 함께 영광을 받기 위하여

고난도 함께 받아야 할 것이니라

(로마서 8장 15-17절)

이제 하나님을 아버지로 모시고 순종하며 영원히 살라.

소요리문답 87은 회개를 "생명에 이르는 회개"라고 부른다 (행11:18). 이제부터 회개가 가져온 참 생명, 곧 생명의 근원이신 하나님과 교제하며 즐겁게 살아가라. 우리가 아직 세상에 머물고 있으므로 때로 실패와 고난과 슬픔도 오겠지만, 세상을 이기신 예수님을 따라가며 세상이 줄 수 없는 참 평안을 맛보며 살아가라.

이것을 너희에게 이르는 것은
너희로 내 안에서 평안을 누리게 하려 함이라
세상에서는 너희가 환난을 당하나 담대하라
내가 세상을 이기었노라

(요한복음 16장 33절)

이제부터 마지막 날까지 "하나님의 집"인 교회 안에 머물며 다른 지체들과 함께 신앙생활을 하라(딤전3:15). 그리고 하나님의 종으로 부르심을 받은 목사들을 존경하고 따르라.

그렇지만 만일 죄를 책망하지도 않고 회개를 외치지도 않는 목사가 있다면, 그가 아무리 고상하게 양의 옷을 입고 있더라도 그는 거짓 선지자일 가능성이 높다. 그러므로 그들의 말이나 겉모습이 아니라 그들이 맺는 성령의 열매로 그들의 실체가 드러날 때까지(마7:16-20, 갈5:22-23), 일단 그들을 피하라. 예수님께서 우리에게 "거짓 선지자들을 삼가라"고 명령하셨기 때문이다(마7:15).

회개가 힘든 사람들

회개하라
천국이 가까이 왔느니라
(마태복음 4장 17절)

"회개하라"는 이 말씀은 주 예수 그리스도의 명령이다.

그럼에도 불구하고 많은 사람들이 회개하려 하지 않는데, 그 중에서도 회개가 특별히 더 힘든 사람들이 있다. 그런 부류를 성경에서 찾으면, 첫째, 평민보다 백성의 지도자들이 회개하는 데 더 큰 어려움을 겪는다. 예수님 당시를 보면, 역설적이지만, 일반 백성보다 그들의 신앙을 지도하던 "대제사장들과 백성의 장로들"이 회개하는데 더 힘들었다.

"대제사장들과 백성의 장로들"이 예수님을 비난하기 위해 나왔을 때(마21:23), 예수님께서는 그들을 깨우치기 위해 이런 비유를 들어 말씀하셨다.

그러나 너희 생각에는 어떠하냐
어떤 사람에게 두 아들이 있는데
맏아들에게 가서 이르되

애 오늘 포도원에 가서 일하라 하니

대답하여 이르되 아버지 가겠나이다 하더니 가지 아니하고

둘째 아들에게 가서 또 그와 같이 말하니

대답하여 이르되 싫소이다 하였다가

그 후에 뉘우치고 갔으니

그 둘 중의 누가 아버지의 뜻대로 하였느냐

이르되 둘째 아들이니이다

예수께서 그들에게 이르시되

내가 진실로 너희에게 이르노니

세리들과 창녀들이

너희보다 먼저 하나님의 나라에 들어가리라

요한이 의의 도로 너희에게 왔거늘

너희는 그를 믿지 아니하였으되

세리와 창녀는 믿었으며

너희는 이것을 보고도 끝내 뉘우쳐 믿지 아니하였도다

(마태복음 21장 28-32절)

여기서 예수님께서는 대제사장과 장로들을 "맏아들"로, 세리와 창녀들을 "둘째 아들"로 비유하시면서, "세리들과 창녀들이 너희보다 먼저 하나님의 나라에 들어가리라"고 선언하셨다. 그 이유는 무엇인가? 회개였다. 세례 요한을 통해 주신 하나님의 말씀을, 세리와 창녀들은 즉시 듣고 믿고 죄를 뉘우치며 회개를

했지만, 대제사장과 장로들은 믿지 않고 끝까지 회개하기를 거부했기 때문이다.

사람의 속성은 변치 않아서, 오늘날도 동일할 것이다. 예수님의 시대처럼, 오늘날도 일반 교인보다 그들의 신앙을 이끌어가는 목사, 장로 등 교회의 지도자들이 자기 죄를 인정하고 회개하기가 훨씬 더 힘들다고 할 수 있다.

둘째, 율법의 계명들을 잘 준수했던 바리새인과 서기관들이 일반인보다 죄를 회개하기가 훨씬 더 힘들었다.

누가복음 18장 9-14절에서 예수님이 말씀하신 "성전에 올라가 기도하는 두 사람의 비유"를 다시 보면, 세리는 내세울 만한 "자기 의"가 없었기 때문에, "하나님이여 불쌍히 여기소서 나는 죄인이로소이다" 하며 바로 회개를 할 수 있었다. 그렇지만 바리새인은 금식하고 십일조를 드리면서 평생 율법을 열심히 지키며 쌓아 올린 "자기 의" 때문에 오히려 회개를 하지 못하는 모습을 볼 수 있다.

바리새인처럼 율법을 성실히 행하는 것도 귀하고, 또 그렇게 쌓은 "자기 의"도 귀한 것이지만, 우리는 그 귀한 것이 오히려 "하나님의 의"로 나가는 믿음의 길을 막는 저주가 될 수 있음을 명심해야 한다.

누가복음 15장 1-2절을 배경으로 하는 "탕자의 비유"에서도 예수님은 "바리새인과 서기관들"을 맏아들로, 그리고 "세리와 죄인들"을 둘째 아들로 비유하셨다. 이 두 부류 모두 하나님 앞에서 똑같은 죄인들이지만, "바리새인과 서기관들"은 맏아들로서 아버지를 잘 섬긴 "자기 의" 때문에(눅15:29-30), 방탕하게 살다 돌아온 탕자 "세리와 죄인들"보다, 회개하기가 훨씬 더 어려웠던 것이다.

마태복음 23장에서 예수님은 맏아들, 곧 "회칠한 무덤"처럼 겉으로는 의인으로 보이지만 안에는 "외식과 불법이 가득"한 "바리새인과 서기관들"을 향하여 "뱀들아 독사의 새끼들아 너희가 어떻게 지옥의 판결을 피하겠느냐"며 매우 혹독하게 책망하셨다(마23:27-33). 그들이 지옥 판결을 받을 수밖에 없는 이유는 무엇인가? 오직 하나, "자기 의" 때문에 "하나님의 의"를 거부하면서, 회개를 하지 않았기 때문이다.

오늘날 교회가 "세상의 빛"(마5:14)이 되기는커녕 오히려 세상의 어둠이 교회에 잠식해 들어오는 이유는 무엇인가? 그것은 자기 죄를 회개하는 탕자보다, "자기 의"를 내세우는 "맏아들"들이 교회 안에 더 많기 때문이다. 그런 인물들이, 대제사장과 바리새인들 중에 많았던 것처럼, 오늘날에도 교회의 지도자들 중에 더 많다.

예수님께서는 자신이 이 세상에 오신 목적을 분명하게 말씀하셨다.

내가 의인을 부르러 온 것이 아니요
죄인을 불러 회개시키러 왔노라
(누가복음 5장 32절)

그러므로 내가 만일 대제사장이나 바리새인처럼 나 자신을 의인으로 착각하며 회개하기를 거부한다면, 건강한 사람에게 의사가 필요 없듯이(눅5:31), 나도 예수님과 상관이 없다. 왜냐하면 예수님께서는 의인을 부르러 오신 것이 아니라 죄인을 불러 회개시키러 오셨기 때문이다.

심판 후에는 회개의 기회가 주어지지 않는다

우리는 모두 죽음을 두려워한다. 그렇지만 우리가 정말 두려워해야 하는 것은 죽음이 아니라 죽음 뒤에 오는 하나님의 심판이다.

한 번 죽은 것은 사람에게 정해진 것이요

그후에는 심판이 있으리니

(히브리서 9장 27절)

그러나 대부분의 사람들은 죽음은 두려워해도 심판을 두려워하지는 않는다. 죽음은 당장 눈에 보이는 현실이지만, 심판은 아직 눈에 보이지 않기 때문일 것이다. 그러나 "죄의 삯"으로 오는 죽음이 피할 수 없는 현실인 것처럼, 죽음 뒤에 오는 심판도 결코 피할 수 없는 현실이다. 욕망에서 시작하여 죄, 사망, 심판, 지옥으로 이어지는 이 저주의 사슬에서 벗어날 수 있는 인간은 아무도 없다(롬6:23, 약1:15, 히9:27).

하나님의 심판이 무서운 이유는 고통도 고통이지만 그 고통이 끝날 소망이 영원히 없다는 사실에 있다. 심판이 끝나면, 그 상황을 돌이킬 회개의 기회가 다시는 주어지지 않기 때문이다. 다시 말하면 그 고통 속에서 아무 소망 없이 영원히 살아야 한다는 말이다.

내가 말과 행동으로 지은 크고 작은 모든 죄악을 벌하셔서 지옥, 곧 "불 못"(lake of fire)에 떨어지는 판결이 내려지면(계20:11-15), 모든 소망은 영원히 사라진다.

이탈리아의 시인 단테(Dante Alighieri)는 그의 대표작 "신곡"(La Divina Commedia)에 기술하기를, "여기 들어오는 자, 모든 희망을 버리라"(Abandon all hope, ye who enter here.)는 문구가 지옥문 입구에 새겨져 있다고 했는데, 이것은 심판이 내려진 후에는 회개할 기회가 영원히 다시 주어지지 않음을 표현한 것이다.

1880년에 프랑스 정부는 파리에 세울 미술관 현관문 제작을 당대 최고 조각가 로댕(Auguste Rodin)에게 의뢰했는데, 로댕은 그 문을 높이 6.35m, 너비 4.05m의 청동 문으로 제작하면서, 단테의 신곡에 있는 지옥문을 주제로 하여, 그 문에 많은 사람들이 지옥의 형벌을 받으며 고통 속에 몸부림치는 장면을 형상화했다. 로댕이 조각한 "생각하는 사람"(Thinker)의 원작은 바로 이 청동 문 윗부분에 조각된 형상 중에 하나다.

출처: 오귀스트 로댕 <지옥의 문> (위키미디어 커먼즈 공유마당)

그렇다면 이 "생각하는 사람"은 지옥에 떨어져 몸서리치며 고통을 당하는

출처: 로댕, <생각하는 사람> (사진 출처: 더뷰즈)

사람들을 내려다보며, 무엇을 생각하고 있을까? 만일 여러분이 지옥문 위에 앉아서 지옥에 떨어져 고통당하는 사람들의 참혹한 모습을 내려다본다면, 여러분은 어떤 생각을 하겠는가?

하나님의 심판이 시작되기 전에, 지금 회개하라.

히브리서의 저자는 하나님의 심판에 대한 두려움을 이렇게 고백하고 있다.

원수 갚는 것이 내게 있으니 내가 갚으리라 하시고
또다시 주께서 그의 백성을 심판하리라 말씀하신 것을

우리가 아노니
살아계신 하나님의 손에 빠져들어 가는 것이 무서울진저
(히브리서 10장 30-31절)

우리의 생각과 달리 하나님의 심판은 세상이 아니라 하나님의 집에서부터 시작된다.

하나님의 집에서 심판을 시작할 때가 되었나니
만일 우리에게 먼저 하면
하나님의 복음을 순종하지 아니하는 자들의
그 마지막은 어떠하며
(베드로전서 4장 17절)

죄의 삯인 죽음을 피할 수 없듯이 죄에 대한 하나님의 심판도 피할 수 없다는 사실과 그 심판이 얼마나 무서운지를 조금이라도 깨달았다면, 지금 회개하라. 심판의 자리에서는 회개할 기회가 주어지지 않으며, 최후의 심판 후에는 영원히 다시 돌이킬 수 없다.

그러므로 오늘, 지금 회개하라.

우리의 창조자이신 하나님께서는 최후의 심판이 내려지기 전에 우리가 회개하고 돌아오기를 지금도 기다리고 계시다(벧후 3:7-9).

이제 마지막 남은 약속, 예수 그리스도의 재림을 믿는가? 그리고 그 후 즉시 최후의 심판이 진행될 것을 아는가? 그렇다면 회개하라.

기도하면서, 믿음으로 회개의 첫걸음만 내딛어라. 그리하면 남은 길은 성령께서 도와주시고 인도해 주실 것이다. 탕자의 비유에서 둘째 아들을 뛰어나가 환영한 아버지처럼, 나의 회개를 간절히 기다리고 계신 하늘 아버지께서 크게 기뻐하시며 달려나와 여러분은 안아주시고 그의 집으로 영접하실 것이다.

이에 일어나서 아버지께로 돌아가니라
아직도 거리가 먼데 아버지가 그를 보고 측은히 여겨
달려가 목을 안고 입을 맞추니
(누가복음 15장 20절)

SALVATION WITHOUT REPENTANCE

8장

회개를 선포하라

8장

회개를 선포하라

짖지 못하는 벙어리 개

책을 마무리하기에 앞서 이 시대에 하나님의 말씀을 전파하기 위해 부르심을 받은 목사님들을 위해 마지막으로 이 글을 쓴다.

여러분은 설교자로서 선지서에서도 여러 번 본문을 취하여 설교를 했을 것이다. 그렇다면 이사야부터 말라기까지 선지서 17권에 기록된 하나님의 말씀들 중에 가장 핵심적인 메시지는 무엇이라고 생각하는가? 여러 말씀들이 있지만, 그 가운데 가장 많이 반복되고 가장 강조된 핵심 메시지는 당연히 죄의 삶을 청산하고 하나님께 돌아오라는 회개의 메시지였음을 여러분도 잘 알 것이다.

4백여 년간 긴 세월을 침묵하셨던 하나님께서 구약 마지막 선지자로 세례 요한을 보내서 "광야에 외치는 자의 소리"로 선포하게 하신 말씀도 다름 아닌 "회개하라"였다(마3:1-2).

마침내 그의 아들이 세상에 오셔서 공생애를 시작하시며 처음 외치신 말씀도 "회개하라"였다(마4:17). 그리고 공생애를 마치고 돌아가시면서, 십자가의 죽음과 부활의 증인 된 제자들에게 마지막 부탁하신 말씀도 "죄 사함을 받게 하는 회개"를 모든 족속에게 전파하라는 것이었다(눅24:47-48).

하나님께서 천하를 공의로 심판하실 날을 작정하시고, 그 심판을 주재할 그의 아들을 "죽은 자 가운데서 다시 살리신 것으로 모든 사람에게 믿을 만한 증거"를 주신 후, 세상 모든 사람들에게 명령하신 말씀도 "회개하라"였다.

알지 못하던 시대에는 하나님이 간과하셨거니와
이제는 어디든지 사람에게 다 명하사 회개하라 하셨으니
이는 정하신 사람으로 하여금
천하를 공의로 심판할 날을 작정하시고
이에 그를 죽은 자 가운데서 다시 살리신 것으로

모든 사람에게 믿을 만한 증거를 주셨음이니라 하니라
(사도행전 17장 30-31절)

오늘날 하나님의 말씀을 전하는 목사로 부르심을 받았는가?
그리고 모든 사람이 믿을 수 있도록 역사적 증거로 주신 예수
그리스도의 부활을 믿는가? 또한 천하를 공의로 심판하실 최
후의 날이 시시각각 다가오고 있음을 아는가?

그렇다면 하나님의 명령을 받들어서, 다가오는 심판을 경고
하는 파수꾼이 되어, "회개하라"는 하나님의 말씀을 대언하여
외치라.

여러분이 만일 이 명령을 크게 외치지 않는다면, 여러분에게
맡겨진 양 떼는 죄 가운데 살다가 심판을 받아 지옥에 가고, 여
러분도 하나님의 심판대 앞에서 통곡하게 될 날이 곧 다가올
것이다.

선지서 17권뿐 아니라 성경 66권 전체에 담겨있는 여러 말씀
중, 하나님께서 가장 많이 반복하시고 또한 가장 강조하여 선
포하신 말씀은 바로 하나님을 떠나 죄 가운데 살면서 돌아오
기를 거절하는 그의 백성에게 "돌아오라"고 외치신 회개의 메
시지였다.

여러분이 이 명확한 사실을 깨닫지 못해서 회개의 메시지를 전파하지 못한다면, 여러분은 하나님의 말씀을 분별하지 못하는 영적 "맹인"이다. 그리고 만일 이 사실을 알면서도 세상과 교인들의 눈치를 보며 회개의 메시지를 전파하지 않는다면, 여러분은 짖지 못하는 "벙어리 개"이며, 자기 이익만 추구하는 "몰지각한 목자"다.

이스라엘의 파수꾼들은 **맹인**이요
다 무지하며 **벙어리 개**들이라 짖지 못하며
다 꿈꾸는 자들이요 누워 있는 자들이요
잠자기를 좋아하는 자들이니
이 개들은 탐욕이 심하여
족한 줄을 알지 못하는 자들이요
그들은 **몰지각한 목자**들이라
다 제 길로 돌아가며 사람마다 자기 이익만 추구하며
(이사야 56장 10-11절)

과거에는 하나님께서 다가오는 그의 심판을 백성에게 경고하기 위해 선지자들을 파수꾼으로 세우셨다. 오늘날은 하나님께서 목사 여러분을 파수꾼으로 세우셨다.

하나님의 말씀과 시대를 분별하지 못하는 영적 맹인이 되지 말고, 겁이 많아서 짖지 못하는 "벙어리 개"도 되지 말고, 자기 이익만 추구하는 "몰지각한 목자"도 되지 말라.

내게 맡겨진 양 떼도 망하고, 나도 함께 망한다.

"그의 피값을 네 손에서 찾으리라"

하나님께서 파수꾼을 세우시는 목적은 무엇인가? 다가오는 위험을 먼저 보고, 백성에게 경고의 나팔을 불게 하기 위함이다.

인자야 내가 너를 이스라엘 족속의 파수꾼으로 세웠으니
너는 내 입의 말을 듣고 나를 대신하여 그들을 깨우치라
(에스겔 3장 17절)

그런데 만일 여러분이 하나님의 심판에 무지한 "영적 맹인"이거나, 겁 많은 "벙어리 개"이거나, 자기 이익만 추구하는 "몰지각한 목자"이어서, 백성에게 하나님의 심판을 경고하지 않아, 그들이 회개하지 못하고 죄악 중에 죽는다면, 하나님께서는 그들의 피값을 여러분의 손에서 찾으리라고 말씀하셨다.

가령 내가 악인에게 말하기를 너는 꼭 죽으리라 할 때에

네가 깨우치지 아니하거나

말로 악인에게 일러서

그의 악한 길을 떠나 생명을 구원하게 하지 아니하면

그 악인은 그의 죄악 중에서 죽으려니와

내가 그의 피값을 네 손에서 찾을 것이고...

또 의인이 그의 공의에서 돌이켜 악을 행할 때에는

이미 행한 그의 공의는 기억할 바 아니라

내가 그 앞에 거치는 것을 두면 그가 죽을지니

이는 네가 그를 깨우치지 않음이니라

그는 그의 죄 중에서 죽으려니와

그의 피값은 내가 네 손에서 찾으리라

(에스겔 3장 18, 20절)

그러나 칼이 임함을 파수꾼이 보고도

나팔을 불지 아니하여

백성에게 경고하지 아니하므로

그 중의 한 사람이 그 임하는 칼에 제거당하면

그는 자기 죄악으로 말미암아 제거되려니와

그 죄는 내가 파수꾼의 손에서 찾으리라

(에스겔 33장 6절)

그러므로 이 시대, 특히 종말이 다가온 이 시대에 파수꾼으로 부르심을 받은 여러분은 죄악 중에 살아가는 백성에게 다가오는 하나님의 심판을 경고하면서 "회개하라"는 말씀을 크게 그리고 선명하게 외쳐야 한다.

니느웨 사람들에게 요나가 했던 것처럼, 여러분은 경고의 나팔을 불기만 하면 된다. 그것이 여러분이 하나님께 받은 소명이다. 듣고도 회개하지 않는 사람들은 심판을 받아 멸망할 것이고, 듣고 회개하며 하나님께 돌아오는 사람들은 죄 사함을 받고 심판에서 벗어날 것이다. 그리고 회개의 말씀을 선포한 여러분은, 그들이 회개하든지 않든지 상관없이, 여러분의 생명과 영혼을 보존하게 될 것이다.

네가 악인을 깨우치되
그가 그의 악한 마음과 악한 행위에서 돌이키지 아니하면
그는 그의 죄악 중에서 죽으려니와
너는 네 생명을 보존하리라...
그러나 네가 그 의인을 깨우쳐 범죄하지 아니하게 함으로
그가 범죄하지 아니하면 정녕 살리니
이는 깨우침을 받음이며
너도 네 영혼을 보존하리라
(에스겔 3장 19, 21절)

회개를 싫어하는 인간의 속성

과거에 이스라엘 백성은 회개하기를 싫어했다.

이스라엘이 어렸을 때에
내가 사랑하여 내 아들을 애굽에서 불러냈거늘
선지자들이 그들을 부를수록 그들은 점점 멀리하고
바알들에게 제사하며
아로새긴 우상 앞에서 분향하였느니라...
그들은 애굽 땅으로 되돌아가지 못하겠거늘
내게 돌아오기를 싫어하니...
내 백성이 끝끝내 내게서 물러가나니
비록 그들을 불러
위에 계신 이에게로 돌아오라 할지라도
일어나는 자가 하나도 없도다
(호세아 11장 1-7절)

이스라엘 백성은 돌아오라는 하나님의 말씀을 고집스럽게 거부하며, 부르면 부르실수록 점점 더 멀리 하나님을 버리고 떠나갔다. 하나님께서는 그들을 바라보시며 주인을 알고 돌아오는 소나 당나귀만도 못하다고 탄식하셨다.

하늘이여 들으라 땅이여 귀를 기울이라

여호와께서 말씀하시기를

내가 자식을 양육하였거늘 그들이 나를 거역하였도다

소는 그 임자를 알고 나귀는 그 주인의 구유를 알건마는

이스라엘은 알지 못하고

내 백성은 깨닫지 못하는도다 하셨도다

슬프다 범죄한 나라요 허물 진 백성이요

행악의 종자요 부패한 자식이로다

그들이 여호와를 버리며

이스라엘의 거룩하신 이를 만홀히 여겨

멀리하고 물러갔도다

(이사야 1장 2-4절)

그리고 죄의 삶을 청산하고 하나님께 돌아오라고 외치는 파
수꾼들은 하나님의 말씀을 듣기 싫어하는 백성에게 지속적으
로 미움과 핍박을 받았다.

나를 때리는 자들에게 내 등을 맡기며

나의 수염을 뽑는 자들에게 나의 뺨을 맡기며

모욕과 침 뱉음을 당하여도

내 얼굴을 가리지 아니하였느니라

(이사야 50장 6절)

과거에도 사람들은 이렇게 회개하기를 몹시 싫어했다. 그러나 과학과 지식이 고도로 발달하여서 교만의 바벨 탑이 하늘을 찌르는 오늘을 살아가는 현대인들은 자기들의 죄를 책망하며 "회개하라"고 외치는 설교를 더욱 혐오하고 증오한다.

그래서 대부분의 목사들이 짖지 못하는 벙어리 개가 되어서 백성의 죄를 지적하지 못하며 조용히 자기 이익을 추구하면서 "몰지각한 목자"의 길을 걷는다.

여러분은 지금 어떤 길을 걷고 있는가? 세상과 사람들의 압력에 굴복하지 말고, 하나님의 명령을 받들어 심판을 경고하고 회개를 외치라.

하나님께서 여러분을 붙들어주실 것이다.

그러나 이스라엘 족속이 이마가 굳고 마음이 굳어
네 말을 듣고자 아니하리니
이는 내 말을 듣고자 아니함이니라
보라 내가 그들의 얼굴을 마주 보도록
네 얼굴을 굳게 하였고
그들의 이마를 마주 보도록 네 이마를 굳게 하였으되
네 이마를 화석보다 굳은 금강석같이 하였으니

그들이 비록 반역하는 족속이라도 두려워하지 말며

그들의 얼굴을 무서워하지 말라 하시니라

(에스겔 3장 7-9절)

<mark>"무섭고 놀라운 일"이 벌어지고 있다</mark>

수많은 교인들이 지옥 구덩이에 빠지는 주된 책임은 경고의 나팔을 불지 않는 목사들에게 있지만, 또한 "회개하라"는 설교를 듣기 싫어하는 교인들에게도 책임이 있다. 죄와 욕망을 즐기는 삶을 포기하고 싶지 않아서 회개를 외치는 참 목사들을 배척함으로써, 삯꾼 목사들의 사기극에 공조하고 있기 때문이다.

예레미야의 시대에도 그랬다. 하나님의 보내심을 받은 선지자 예레미야는 죄 가운데 살아가는 백성을 향하여 "배역한 이스라엘아 돌아오라...너는 오직 네 죄를 자복하라...배역한 자식들아 돌아오라"(렘3:12-14)고 끊임없이 회개를 외치고 또 외쳤다. 그러나 다른 선지자와 제사장들은 백성의 상처를 돌보기는커녕 거짓을 예언하며 거침없이 사기극을 펼치고 있었다.

이는 그들이 가장 작은 자로부터 큰 자까지

다 탐욕을 부리며

선지자로부터 제사장까지 다 거짓을 행함이라
그들이 내 백성의 상처를 가볍게 여기면서
말하기를 평강하다 평강하다 하나 평강이 없도다
(예레미야 6장 13-14절)

이런 상황에서 이스라엘 백성은 회개를 외치는 참 선지자 예
레미야의 설교를 몹시 싫어했다.

보라 여호와의 말씀을
그들이 자신들에게 욕으로 여기고
이를 즐겨 듣지 아니하니
(예레미야 6장 10절 하반절)

여호와의 말씀이니라
이제 너희가 그 모든 일을 행하였으며
내가 너희에게 말하되 새벽부터 부지런히 말하여도
듣지 아니하였고
너희를 불러도 대답하지 아니하였느니라
(예레미야 7장 13절)

그래서 예레미야는 백성으로부터 날마다 조롱과 모욕을 당
했다.

여호와여 주께서 나를 권유하시므로
내가 그 권유를 받았사오며
주께서 나보다 강하사 이기셨으므로
내가 조롱거리가 되니
사람마다 종일토록 나를 조롱하나이다
내가 말할 때마다 외치며 파멸과 멸망을 선포하므로
여호와의 말씀으로 말미암아
내가 종일토록 치욕과 모욕거리가 됨이니이다
(예레미야 20장 7-8절)

반면에 자기들에게 아부하며 거짓을 예언하는 선지자들과 자기 맘대로 다스리는 제사장들은 백성에게 사랑을 받았다.

이 땅에 **무섭고 놀라운 일이 있도다**
선지자들은 거짓을 예언하며
제사장들은 자기 권력으로 다스리며
내 백성은 그것을 좋게 여기니
마지막에는 너희가 어찌하겠느냐
(예레미야 5장 30-31절)

예레미야의 시대처럼 오늘날에도 교인들이 회개를 외치는 참 목사들을 싫어하고, "회개 없는 구원"을 선포하는 거짓 선지자들을 좋게 여기는 "무섭고 놀라운 일"이 광범위하게 벌어지고 있다.

핵심 설교로 회개를 선포하라

여러분이 하나님의 부르심을 받은 진정한 목사라면, 하나님의 명령을 받들어 하나님의 심판을 경고하고, 여러분의 회중과 세상을 향해 죄를 청산하고 하나님께 돌아오라는 회개의 메시지를 정기적으로 그리고 여러분의 핵심 설교로 선포하라.

웨스트민스터 신앙고백 15장 1조도 "회개의 교리는 그리스도를 믿는 믿음의 교리와 마찬가지로 모든 복음 사역자들에 의해 설교되어야 된다"고 가르치고 있다.

설교란 무엇인가? 하나님께서 주시는 말씀을 받아 그의 백성에게 선포하는 것이다. 성경을 살펴보면, 성경이 인정하는 설교는 오직 두 가지다. 첫째 설교는 불신자들에게 천국 복음을 선포하여 듣고 믿고 회개하여 구원을 받게 하는 설교이다. 그리고 둘째 설교는 구원 얻은 신자들이 하나님의 말씀을 듣고 복종하면서 예수 그리스도의 형상을 이루며 자라가도록 하는 성화를 위한 설교이다. 목사들은 오직 이 두 가지 설교만 강단에서 선포해야 한다.

그리고 성화를 위한 둘째 설교는 첫째 설교를 통해 이미 구원을 얻은 자들에게 필요한 것이지, 구원을 얻지 못한 사람들에게는 성화를 위한 설교가 아직 필요 없다.

그럼에도 불구하고 오늘날 많은 목사들이 첫째 설교를 무시하고, 곧바로 성화를 위한 둘째 설교를 전함으로써, 아직 죄 사함과 구원을 받지 못한 교인들로 하여금 자신이 구원을 받은 줄로 착각하게 만드는 매우 치명적인 오류를 범하고 있다.

선교란 무엇인가? 선교는 복음을 아직 듣지 못한 민족을 대상으로 하기 때문에, 선교의 핵심은 둘째 설교에 앞서, 첫째 설교, 곧 회개의 메시지를 선포하여 죄 사함과 구원을 얻게 하는 것에 있어야 한다. 선교사들이 선교지에 가서 선교센터나 학교, 병원, 급식소를 세우는 것은 좋지만, 만일 구원을 위한 첫째 설교를 소홀히 한다면, 그것은 선교가 아니라 자선 사업일 뿐이다.

오늘날 교인들이 듣고 싶어 하는 지성적인 설교의 유혹을 단호하게 뿌리치고, 세례 요한처럼, 그리고 예수님을 따라, "회개하라"는 천국 복음을 가장 중요한 메시지로 선포하라. 여러분의 설교를 듣는 사람들이 다가오는 하나님의 심판에서 벗어나 영원한 생명을 얻게 될 것이다. 그리고 파수꾼으로서 여러분은 그들의 피값에서 벗어나 여러분의 생명과 영혼을 보존하게 될 것이다.

SALVATION
WITHOUT
REPENTANCE

9장

제2의 평양 대부흥을
기다리며

9장
제2의 평양 대부흥을 기다리며

부흥의 참 모습

회개 없는 구원이 사기극이듯이, 회개 없이 시작되는 교회 부흥도 시련의 폭풍이 몰아치면 모래성처럼 무너질 허상에 불과하다. 회개 없는 구원이 거짓이므로, 그런 구원이 만들어내는 부흥도 거짓에 불과하기 때문이다.

성경을 통해 살펴보면, 진정한 부흥은 개인에게나 민족에게나 반드시 회개라는 문을 통과하면서 일어난다. 구약 시대에 일어났던 느헤미야 시대의 부흥을 예로 들어보면, 그 시작과 중심에 회개가 있었음을 알 수 있다.

이 부흥은 느헤미야가 타국 땅에서 고국의 슬픈 소식을 듣고 하나님 앞에 금식하며 회개하는 것에서 시작되었다.

내가 이 말을 앉아서 울고 수일 동안 슬퍼하며
하늘의 하나님 앞에 금식하며 기도하여
이르되 하늘의 하나님 여호와 크고 두려우신 하나님이여
주를 사랑하고 주의 계명을 지키는 자에게 언약을 지키시며
긍휼을 베푸시는 주여 간구하나이다
이제 종이 주의 종들인 이스라엘 자손을 위하여
주야로 기도하오며
우리 이스라엘 자손이 주께 범죄한 죄들을 자복하오니
주는 귀를 기울이시며
눈을 여시사 종의 기도를 들으시옵소서
나와 내 아버지의 집이 범죄하여
주를 향하여 크게 악을 행하여
주께서 주의 종 모세에게 명령하신
계명과 율례와 규례를 지키지 아니하였나이다
(느헤미야 1장 4-7절)

이렇게 느헤미야 개인에게서 시작된 회개가 나팔절에 함께 모였던 백성 전체의 회개로 확산되면서(느8:1-12) 이스라엘 민족에게 큰 부흥이 일어났는데, 여기서 우리는 성경이 말하는 참된

부흥이 무엇인지를 배울 수 있다.

첫째, 성경이 가르치는 참된 부흥은, 열심이나 지도력이 뛰어난 사람들에 의해 일어나는 것이 아니라, 느헤미야처럼 회개하는 사람들을 통해 시작된다. 느헤미야와 함께 이 부흥의 중심인물로 쓰임 받은 에스라도 하나님 앞에서 금식하며 죄를 자복하던 "회개의 사람"이었다(스9:1~10:12).

말하기를 나의 하나님이여
내가 부끄럽고 낯이 뜨거워서
감히 나의 하나님을 향하여 얼굴을 들지 못하오니
이는 우리 죄악이 많아 정수리에 넘치고
우리 허물이 커서 하늘에 미침이니이다
(에스라 9장 6절)

에스라가 하나님의 성전 앞에 엎드려 울며 기도하여
죄를 자복할 때에
많은 백성이 크게 통곡하매
(에스라 10장 1절 상반절)

에스라와 느헤미야처럼 하나님의 부르심을 받아 오늘날 이 시대에 진정한 부흥을 일으킬 "회개의 사람"은 누구인가?

둘째, 성경적인 참된 부흥은 강단에서 하나님의 말씀이 선포되고, 그 말씀을 통해 성도들이 자기 죄를 깨닫고 눈물로 회개하면서 불이 붙기 시작한다.

하나님의 율법책을 낭독하고 그 뜻을 해석하여
백성에게 그 낭독하는 것을 다 깨닫게 하니
백성이 율법의 말씀을 듣고 다 우는지라...
(느헤미야 8장 8-9절)

셋째, 성경 말씀을 듣고 회개하면서 일어나는 참된 부흥은 하나님의 말씀을 향한 더 큰 갈망을 불러일으키고, 또한 그 말씀에 복종하는 신앙으로 진행된다.

그 이튿날 뭇 백성의 족장들과
제사장들과 레위 사람들이
율법의 말씀을 밝히 알고자 하여
학사 에스라에게 모여서
율법에 기록된 바를 본즉
여호와께서 모세를 통하여 명령하시기를
이스라엘 자손은 일곱째 달 절기에
초막에서 거할지니라 하였고
...초막을 지으라 하라 한지라

...초막을 짓되
사로잡혔다가 돌아온 회중이 다 초막을 짓고 거하니
눈의 아들 여호수아 때로부터 그날까지 이스라엘 자손이
이같이 행한 일이 없었으므로 이에 크게 기뻐하며
에스라는 첫날부터 끝날까지 날마다
하나님의 율법책을 낭독하고
무리가 이레 동안 절기를 지키고
여덟째 날에 규례를 따라 성회를 열었느니라
(느헤미야 8장 13-18절)

넷째, 회개로 시작되는 참된 부흥은 시간이 흐르면서 더 깊은 회개로 이어진다.

그달 스무나흘 날에 이스라엘 자손이 다 모여
금식하며 굵은 베 옷을 입고 티끌을 무릅쓰며
모든 이방 사람들과 절교하고
서서 자기의 죄와 조상들의 허물을 자복하고
이날에 낮 사분의 일은 그 제자리에 서서
그들의 하나님 여호와의 율법책을 낭독하고
낮 사분의 일은 죄를 자복하며
그들의 하나님 여호와께 경배하는데
(느헤미야 9장 1-3절)

다섯째, 성경적인 참된 부흥은 궁극적으로 예배의 회복을 가져온다.

레위 사람 예수아와 바니와...그나니는 단에 올라서서
큰 소리로 그들의 하나님 여호와께 부르짖고
또 레위 사람 예수아와 갓미엘과...브다히야는 이르기를
너희 무리는 마땅히 일어나
영원부터 영원까지 계신
너희 하나님 여호와를 송축할지어다
주여 주의 영화로운 이름을 송축하올 것은
주의 이름이 존귀하여
모든 송축이나 찬양에서 뛰어남이니이다
오직 주는 여호와시라
하늘과 하늘들의 하늘과 일월성신과 땅과 땅 위의 만물과
바다와 그 가운데 모든 것을 지으시고 다 보존하시오니
모든 천군이 주께 경배하나이다
(느헤미야 9장 4-6절)

이렇게 회개한 사람들을 통해 회개가 회중 전체로 확산되면서 예배가 회복되는 이런 부흥이 바로 성경이 말하는 진정한 부흥이다.

오순절 성령 대부흥

예수님께서 승천하신 후, 약속하신 성령을 부어주심으로 촉발된 오순절 성령 대부흥도 느헤미야 시대의 부흥처럼, 예수님을 배신했다가 돌아온 회개의 사람 베드로를 통해 일어났다.

주께서 돌이켜 베드로를 보시니
베드로가 주의 말씀 곧 오늘 닭 울기 전에
네가 세 번 나를 부인하리라 하심이 생각나서
밖에 나가서 심히 통곡하니라
(누가복음 22장 61-62절)

통곡하며 회개한 사람 베드로가 일어나서 예수 그리스도의 죽음과 부활을 선포하자, 베드로의 회개는 이 말씀을 듣는 회중 전체의 회개로 확산되어 갔다.

그들이 이 말을 듣고 마음에 찔려
베드로와 다른 사도들에게 물어 이르되
형제들아 우리가 어찌할꼬 하거늘

베드로가 이르되 너희가 회개하여
각각 예수 그리스도의 이름으로 세례를 받고

죄 사함을 받으라...

(사도행전 2장 37-38절)

"회개하여... 죄 사함을 받으라"는 말씀을 듣고, 회개하여, 세례를 받은 사람들의 숫자가 삼천 명에 이르므로, 예루살렘 교회는 오순절 당일에 놀라운 부흥을 경험하게 된다.

그 말을 받은 사람들은 세례를 받으매
이날에 신도의 수가 삼천이나 더하더라

(사도행전 2장 41절)

오순절 성령강림 대부흥도, 느헤미야 시대 부흥처럼, 회개한 사람을 통해 말씀이 선포되고, 그의 회개가 회중 전체로 확산되고, 회개한 회중이 말씀을 갈망하며 함께 모이면서 성도의 교제와 예배가 회복되는 진정한 부흥이었다.

그들이 사도의 가르침을 받아
서로 교제하고 떡을 떼며 오로지 기도하기를 힘쓰니라

(사도행전 2장 42절)

날마다 마음을 같이하여 성전에 모이기를 힘쓰고
집에서 떡을 떼며 기쁨과 순전한 마음으로 음식을 먹고

하나님을 찬미하며...

(사도행전 2장 46-47절)

평양 대부흥의 핵심은 회개였다

한국 교회의 나이는, 1880년대 초에 첫 교회들이 세워졌으므로, 이제 140년을 넘어섰다. 지난 140년 동안 한국 교회에 수많은 일들이 일어났지만, 그중에 우리가 잊지 못할 가장 중요한 사건 하나를 선택한다면, 우리는 당연히 1907년 평양 장대현교회에서 시작된 성령 대부흥을 택해야 할 것이다.

그리고 이 평양 대부흥에 드러난 가장 뚜렷한 특징을 말한다면, 우리는 이론의 여지 없이 이 부흥은 성령께서 일으키신 강력한 회개 운동이었다는 사실을 말해야 할 것이다. 당시 이 부흥의 역사적 현장을 목격했던 감리교 선교사 노블(W. A. Noble)은 흥분을 감추지 못한 채 본국에 이렇게 보고를 올렸다. "아마도 사도 시대 이후 이보다 놀라운 하나님의 권능의 현시는 없었을 것입니다. 매 집회에서 주님의 권능이 교회 전체만 아니라 때로는 교회 밖에까지 임했습니다. 남녀가 회개의 역사로 고꾸라지고 의식을 잃었습니다. 전 도시는 마치 사람들이 죽은 자를 위해 통곡하고 있는 듯 했습니다."(평양 대부흥 이야기, 박용규 지

음, 생명의 말씀사, 서문 4쪽에서 인용)

느헤미야 시대 부흥을 일으키시기 위해 느헤미야를 먼저 회개시키시고, 오순절 성령 대부흥을 위해 베드로를 먼저 회개시키셨던 성령께서는 평양 대부흥을 위해서도 한국 땅에 복음을 가져온 선교사들을 먼저 회개시키셨다. 1903년 8월 원산 여자 선교사 기도회에 강사로 초청을 받은 하디(R. A. Hardie) 선교사는 동료 선교사들 앞에서 그리고 원산감리교회 교인들 앞에서, 자신 속에 깊이 자리 잡은 교만, 곧 유명 의과대학을 졸업한 의사로서의 자부심과 백인 우월주의에 사로잡혀 한국인들을 무시하고 자기의 선교 실패를 한국인 탓으로 돌렸던 죄를, 성령의 강권적인 역사에 따라 수치와 굴욕을 무릅쓰고 구체적으로 그리고 공개적으로 울면서 고백했다.

하디 선교사의 회개는 즉시 동료 선교사들의 회개로 확산되었고, 또한 이렇게 회개한 사람들이 흩어져 나가 이끄는 집회마다 죄를 통회하고 자복하는 성령의 역사가 강력하게 일어나면서 회개 운동이 사방으로 퍼져나갔다.

회개의 역사가 일어나는 곳마다 부흥이 일어났고, 이런 참 부흥을 경험하는 성도들에게 말씀을 향한 갈망이 불타오르면서, 한반도 전역에 사경회(査經會)의 열풍이 불어왔다. 이 사경회를 통해 은혜를 받으며 평양 대부흥의 주역으로 쓰임을 받은 또한 사람이 준비되었으니, 바로 길선주 장로였다.

　길선주 장로와 북장로교 선교사들은 1907년 1월 2일부터 15일까지 두 주간 동안 평양 장대현 교회에서 평안남도 도사경회를 열었다. 그런데 13일 주일 저녁 집회는 사경회의 막바지에 달했음에도 불구하고 성령의 열기가 뜨겁기는커녕 오히려 사탄이 회중을 압도하는 것처럼 냉냉하게 끝났다.

　말씀의 은혜를 받기는커녕 오히려 차갑게 식어버려서 사탄의 조롱 속에 끝날 수밖에 없었던 집회를 단번에 역전시키는 충격적인 사건이 다음날 14일 저녁 집회에 일어났는데, 그것은 바로 회개였다. 이날 저녁에 설교를 맡은 길선주 장로는, 하디 선교사가 그랬던 것처럼 성령의 강권적인 역사에 이끌려, 수치와 굴욕을 무릅쓰고 자신의 죄를 성도들 앞에서 구체적으로 그리고 공개적으로 고백하며 이렇게 회개를 하였다. "나는 아간과 같은 자입니다. 1년 전에 내 친구 한 사람이 죽으면서 재산을 정리해 달라는 부탁을 받았는데, 미망인의 재산을 관리하다 미화 100달러 상당의 금액을 가로챘습니다. 이번 사경회에 내릴 하나님의 은혜를 가로막는 죄를 범한 사람은 바로 나입니다. 내일 아침에 그 돈 전액을 미망인에게 돌려 드리겠습니다."

고포드(Jonathan Goforth) 선교사는 길선주 장로의 회개가 있은 후 "그렇게 무겁게 짓누르던 방해의 장벽이 별안간 무너져 내리고 거룩하신 하나님께서 친히 임재해주셨습니다"고 증언했다.(Jonathan Goforth, When the Spirit's Fire Swept Korea, Grand Rapids, Zondervan, 1976; 평양 대부흥 이야기 76쪽에서 재인용)

길선주 장로의 회개는 마치 뇌관에 불을 붙인 것처럼 즉각적으로 성령의 강한 임재와 함께 회중의 통회를 폭발시켰다.

선교사들이나 교회 지도자들뿐 아니라 교인들도 모두 죄를 회개하고 용서를 받아야 하는 죄인들이었다. 성령의 강력한 역사 앞에서 그들은 자신의 죄를 구체적으로 그리고 공개적으로 울면서 고백하였다. 청일 전쟁 때 피난을 가며 너무 힘들어서 자기 자식을 죽인 죄, 주인의 돈을 훔친 죄, 남편 모르게 불륜을 범한 죄, 아내와 다투다가 살인한 죄 등 온갖 죄들이 고백되었다. 그들은 자신들이 지은 죄의 수치를 견딜 수 없어서 바닥에 뒹굴며 땅을 치며 통곡하고 눈물로 부르짖으며 하나님께 용서의 은혜를 구했다.

평양 부흥의 증인들, 곧 길선주 장로와 이길함(Graham Lee), 소안론(William L. Swallen), 한위렴(William B. Hunt), 방위량(William N. Blair) 등 선교사들은 즉시 흩어져 나가 장대현 교회에서 일어난 회개와 부흥의 불길을 도시와 마을로 퍼뜨렸다. 마른 들판에 들불 번지듯이, 이 부흥의 불길은 순식간에 한반도 전역으로 퍼져나갔다.

이들이 이끄는 집회마다 성령의 강력한 역사가 임하면서 통곡의 회개가 일어났고, 신앙과 예배가 회복되면서 교인 수가 폭발적으로 증가하기 시작했다. 예를 들면, 평양에서만도 당시 20여 개의 교회가 새로 세워졌으며, 그중에 다섯은 매주 천명이상 모이는 대교회로 성장했고, 1907년에 18,081명이었던 세례교인 수는 3년 만인 1910년에 39,394명으로 두 배 성장하였다.(평양 대부흥 이야기 114쪽에서 인용)

1907년 평양 대부흥은 회개에서 시작되어 회개로 진행된 부흥, 곧 성령께서 하나님의 종들을 먼저 회개시키시고, 또한 회개한 그들 지도자들을 통해 집회에 참석한 온 회중으로 회개가 확산되게 하시고, 또한 그들의 회개의 불길을 한반도 전역으로 퍼져나가게 하셔서, 당시 모든 성도들의 신앙과 예배와 사랑의 교제가 회복되고, 그 결과 구원받는 사람들의 숫자가 폭발적으로 증가한, 전형적인 성경적 부흥이었다.

하나님을 찬미하며 또 온 백성에게 칭송을 받으니
주께서 구원받는 사람을 날마다 더하게 하시니라
(사도행전 2장 47절)

한국 교회는 망했다

한국 교회가 오늘날 자랑하는 1천만 성도를 이룬 것은 1907년 평양 대부흥이 가져온 열매임을 우리는 부인할 수 없다.

그러나 1백여 년이 지난 오늘날 한국 교회는 평양 대부흥이 가져온 역동적인 신앙생활, 곧 말씀을 향한 갈망, 말씀에 복종하는 순전한 신앙생활, 예배의 기쁨, 기도의 열기, 구령의 열정 등을 모두 상실해 버렸다.

세계 교회 역사상 유례를 찾기 힘들 만큼 폭발적인 성장을 거두었던 한국 교회는 이미 감소세에 접어든지 오래 되었고, 점점 속도를 내어 내리막길로 치닫고 있다.

평양 대부흥을 경험한 한국 교회가 왜 이 지경이 되었는가? 한국 교회가 무너진 이유를 찾는다면, 첫째, 많은 목사들이 19세기 독일로부터 전염병처럼 퍼진 자유주의 신학(theological liberalism)에 감염되어 더 이상 성경을 정확무오한 하나님의 말씀으로 믿지 않음으로써 성경의 권위를 스스로 무너뜨렸기 때문이다.

"성령의 검 곧 하나님의 말씀"(엡6:17)을 포기했기 때문에, 이들은 마귀와 싸울 능력을 상실했다(약4:7). "대적 마귀"가 우는 사자같이 두루 다니며 많은 양 떼를 삼키면서 오늘날 한국 교회 교인 수가 급감하고 있지만(벧전5:8-9), 이들은 당황하고 좌절하기만 할 뿐, 자신들에게 맡겨진 양 떼를 지키기 위해 사탄과 맞서 싸울 줄을 모른다. 왜냐하면 이들은 싸울 무기를 포기했을 뿐 아니라, 성경이 말하는 영적 전쟁이 무엇인지도 잘 모르기 때문이다(엡6:10-20).

한국 교회가 무너진 두 번째 이유는 앞서 살펴본 것처럼 평양 대부흥이 남긴 전통, 곧 "회개"라는 이 소중한 유산을 소홀히 하고 무시하고 결국 소멸시켰기 때문이다.

한국 교회가 사는 길은 "오직 회개"에 있다

이대로는 한국 교회에 소망도 없고 미래도 없다.

오늘날 한국 교회 예배는 형식만 남아있어서 성도들은 살아 계신 하나님을 예배하는 기쁨을 잊어버렸다. 하나님을 만나기는커녕 하나님의 임재조차 느낄 수 없는 죽은 예배에 실망한 청년들이 대거 교회를 떠났고, 절반 이상의 교회에 어린이 주일예배가 문을 닫았다. 전 세계 교회가 부러워했던, 한국 교회의 자랑, 새벽 기도회의 열기는 차갑게 식어버렸다.

설교는 홍수를 이루고 있지만, 정작 생명의 말씀은 메말라 버렸다. 거듭나지 못한 교인들은 영적으로 죽어있기 때문에 "양식이 아닌" 설교(사55:1-2)를 듣고 앉아 있지만, 영적으로 살아있는 성도들(엡2:1)은 "여호와의 말씀을 듣지 못한 기갈"에 목말라 동서남북을 찾아 헤매고 있다.

주 여호와의 말씀이니라
보라 날이 이를지라 내가 기근을 땅에 보내리니
양식이 없어 주림이 아니며 물이 없어 갈함이 아니요
여호와의 말씀을 듣지 못한 기갈이라
사람이 이 바다에서 저 바다까지,
북쪽에서 동쪽까지 비틀거리며
여호와의 말씀을 구하려고 돌아다녀도 얻지 못하리니
(아모스 8장 11-12절)

어지럽고 어두워진 세상 중에 곳곳마다 상한 영의 탄식 소리가 들려온다. 생명수가 말라버린 한국 교회를 살리기 위해 선한 일꾼을 찾으시는 주님의 간절한 음성에 귀를 기울여 보라. "대답할 이 어디 있나 믿는 자여 어이할꼬"

눈을 들어 하늘 보라 어지러운 세상 중에
곳곳마다 상한 영의 탄식 소리 들려온다
빛을 잃은 많은 사람 길을 잃고 헤매이며
탕자처럼 기진하니 믿는 자여 어이할꼬

눈을 들어 하늘 보라 어두워진 세상 중에
외치는 자 많건마는 생명수는 말랐어라
죄를 대속하신 주님 선한 일꾼 찾으시나
대답할 이 어디 있나 믿는 자여 어이할꼬
(찬송가 515장 1-2절)

어디서 시작해야 하는가? 바로 회개이다. 부흥은 반드시 회개라는 문을 통과하여 일어나기 때문이다.

살았다 하는 이름은 가졌으나 실상 죽은 교회였던 사데 교회를 향해 "회개하라"(계3:1-3)고 하셨던 주님께서는 오늘날 한국교회를 향해 "회개하라"고 명령하고 계시다.

오늘날 무너진 한국 교회가 사는 길은 회개 외에 다른 길이 없다.

평양 대부흥을 위해 하디 선교사와 길선주 장로를 준비하셨던 하나님께서는 오늘날 한국 교회를 다시 살릴 회개의 사람을 찾고 계시다.

하디 선교사와 길선주 장로처럼 성령의 강권하시는 역사에 따라 수치와 굴욕을 무릅쓰고, 자신의 교만과 죄악을 구체적으로 그리고 공개적으로 회개하여, 제2의 평양 대부흥의 도화선에 불을 붙일 자는 누구인가?

전무후무한 큰 부흥이 일어날 것이다

지난 역사를 살펴보면, 하나님께서는 역사적인 큰 일을 앞두고 늘 큰 부흥을 주셨다. 예를 들면, 왕정 시대를 시작하기에 앞서 사무엘 선지자를 통해 미스바 부흥을 주셨고(삼상7:5-6, 12:16-25), 유다 왕국의 멸망을 앞두고 요시야 개혁과 부흥을 주셨으며(왕하22:8~23:23, 대하34:14~35:19), 교회 태동이라는 역사적 사건을 앞두고 오순절 성령 대부흥을 주셨다(행2:1-47). 그리고 일제에 의한 1910년 경술국치와 민족적 수난을 앞두고 한국 교회에는 평양 대부흥을 주셨다.

그러므로 남은 인류 역사의 최대 사건인 예수 그리스도의 재림과 최후의 심판을 앞두고, 하나님께서는 반드시 2천 년 전 오순절 성령 대부흥을 능가하는 대부흥을 허락하실 것으로 믿는다.

성경적으로 보아도, 하나님은 밭을 갈고 씨앗을 뿌릴 때 "이른 비"를 주시고, 또한 추수를 앞두고 결실을 위해 "늦은 비"를 주시는 은혜의 하나님이시다.

여호와께서 너희의 땅에
이른 비, 늦은 비를 적당한 때에 내리시리니
너희가 곡식과 포도주와 기름을 얻을 것이요
(신명기 11장 14절)

2천 년 전에 교회를 태동시키기 위해 "이른 비"로 성령을 부어 오순절 대부흥을 일으키셨던 하나님께서는 이제 최후의 심판이라는 거대한 추수를 앞두고 많은 결실을 거두기 위해 "늦은 비"로 성령을 다시 부어주셔서 오순절 대부흥보다 더 큰 부흥을 일으키실 것이다.

그때가 되면, 성령의 강권하심을 받는 사람들이 느헤미야처럼, 베드로처럼, 그리고 하디 선교사와 길선주 장로처럼, 자신의 죄를 공개적으로 회개하게 되고, 또한 그들이 인도하는 집회마다 회개가 확산되면서, 성령이 일으키시는 회개의 거대한 물결이 전 세계를 덮을 것이다.

그러면 인류 역사상 전무후무한 큰 부흥이 일어나서, 전 세계 모든 민족 중에서 무수한 영혼들이 복음을 듣고 믿고 자기 죄들을 회개하고 눈물로 통곡하며 하나님께 돌아오게 될 것이다. 그런 후에 예수님께서 영광 중에 재림하셔서 최후의 심판을 진행하여, 회개하기를 거부했던 가라지들은 불태우시고 알곡들은 천국 창고에 들어가게 하실 것이다.

둘 다 추수 때까지 함께 자라게 두라
추수 때에 내가 추수꾼들에게 말하기를
가라지는 먼저 거두어 불사르게 단으로 묶고
곡식은 모아 내 곳간에 넣으라 하리라
(마태복음 13장 30절)

회개를 선포하라

성경에 기록된 모든 예언이 성취되고, 이제 예수 그리스도께서 다시 오신다는 마지막 약속이 하나 남아있다.

이러므로 너희도 준비하고 있으라
생각하지 않은 때에 인자가 오리라
(마태복음 24장 44절)

...내가 너희를 위하여 거처를 예비하러 가노니
가서 너희를 위하여 거처를 예비하면
내가 다시 와서
너희를 내게로 영접하여 나 있는 곳에 너희도 있게 하리라
(요한복음 14:2-3)

예수 그리스도는 영광 중에 곧 다시 오실 것이다.

이것들을 증언하신 이가 이르시되
내가 진실로 속히 오리라 하시거늘
아멘 주 예수여 오시옵소서
(요한계시록 22장 20절)

홍수가 나서 모두 멸망을 당하기까지 다가오는 심판을 깨닫지 못했던 노아 시대 사람들처럼, 오늘날 사람들도 다가오는 심판을 전혀 깨닫지 못한 채 세상을 즐기며 정신없이 살아가고 있다.

노아의 때와 같이 인자의 임함도 그러하리라
홍수 전에 노아가 방주에 들어가던 날까지
사람들이 먹고 마시고 장가들고 시집가고 있으면서
홍수가 나서 그들을 다 멸하기까지 깨닫지 못하였으니

인자의 임함도 이와 같으리라

(마태복음 24장 37-39절)

예수 그리스도의 재림을 믿는가? 회개를 선포하여 예수 그리스도의 초림의 길을 닦았던 세례 요한처럼(마3:1-12), 백성에게 하나님의 심판을 경고하고 회개를 외쳐서 다시 오실 예수 그리스도의 길을 준비하라.

회개를 외치라. 그래서 죽어가는 한국 교회를 다시 살리고, 성도들로 다시 오실 예수 그리스도를 기쁨으로 맞이하게 하라.

이보다 더 영광스러운 일은 없다.

회개하라
천국이 가까이 왔느니라
(마4:17)

회개 없는 구원

초판 1쇄 인쇄 2026년 4월 13일
초판 1쇄 발행 2026년 4월 17일

지은이　손원배
펴낸곳　주식회사 뉴퓨리턴

주소　서울시 성북구 장위로40다길 19, 1층 106호(장위동)
대표전화　070-7432-6248
이메일　info@newpuritan.kr
팩스　02-6280-6314
출판등록　제25100-2023-043호

ISBN　979-11-24200-07-0　03230